KT-168-231

HUW
Shwd ma'i yr hen ffrind?
CHISWELL

ACC. No: 05137790

RP

I fy mam a'm plant perffaith

HUW CHISWELL

*Shwd ma'i
yr hen ffrind?*

Diolch i Lefi a gwasg Y Lolfa am y cynnig cychwynnol i lunio'r gyfrol ac i Marged am ei chymorth a'i hamynedd wrth olygu'r gwaith.

Hoffwn hefyd gydnabod cefnogaeth ac anogaeth fy nghymar, Catrin, a fu'n gefn i mi drwy gydol y cyfnod. Er nad oes sôn penodol amdani yng nghorff y penodau, sydd ar y cyfan, yn trafod hen alawon a phrofiadau'r gorffennol, i mi, mae hi'n hollbresennol.

Argraffiad cyntaf: 2019

© Hawlfraint Huw Chiswell a'r Lolfa Cyf., 2019
© Hawlfraint geiriau'r caneuon: Cyhoeddiadau Sain a Huw Chiswell

Mae hawlfraint ar gynnwys y llyfr hwn ac mae'n anghyfreithlon llungopïo neu atgynhyrchu unrhyw ran ohono trwy unrhyw ddull ac at unrhyw bwrpas (ar wahân i adolygu) heb gytundeb ysgrifenedig y cyhoeddwyr ymlaen llaw

Derbyniwyd caniatâd i gyhoeddi lluniau yn y gyfrol hon. Ond, yn achos rhai lluniau, er ymchwilio, ni chanfuwyd pwy sydd berchen ar yr hawlfraint. Cysylltwch os am drafod

Dymuna'r cyhoeddwyr gydnabod cymorth ariannol
Cyngor Llyfrau Cymru

Llun y clawr: Emyr Young
Cynllun y clawr: Y Lolfa

Rhif Llyfr Rhyngwladol: 978 1 78461 770 7

Cyhoeddwyd, rhwymwyd ac argraffwyd yng Nghymru gan
Y Lolfa Cyf., Talybont, Ceredigion SY24 5HE
gwefan www.ylolfa.com
e-bost ylolfa@ylolfa.com
ffôn 01970 832 304
ffacs 832 782

Cynnwys

Rhagair

HANES RHAI O'M caneuon sydd rhwng y cloriau hyn a chan bod y caneuon yn gymaint rhan ohonof erbyn hyn, mae'n anorfod bod yma hefyd elfen o hunangofiant.

Mae'n debyg y bydd llawer o'r caneuon o dan sylw yn lled gyfarwydd i'r rhelyw ohonoch chi'r darllenwyr, a dyna fan cychwyn hwylus ar gyfer taith trwy hanes cân, a chyddestun parod ar gyfer rhywfaint o'm hanes innau hefyd.

Mae'r caneuon eisoes ar ddisg, tâp a phapur, a does dim cuddio na gwadu eu cynnwys. O lencyndod hyd at heddiw, mae awgrym o fy agwedd tuag at fywyd yno'n glir mewn cân. Gobeithio fod yr ymdriniaeth a'r hanesion sydd yn y gyfrol hon yn cynnig dealltwriaeth bellach, ambell wedd newydd ar y gwaith a mewnolwg dyfnach i'm bywyd a'm cymeriad innau hefyd.

Bu ysgrifennu rhyddiaith yn bleser erioed, er i gyfryngau eraill gwaith creadigol ar hyd y blynyddoedd gymryd blaenoriaeth. Trwy garedigrwydd Lefi a'r Lolfa, pleser felly yw cael nod a phwrpas i greu unwaith eto yn y modd hwn.

Tra bod adnabyddiaeth agos o'r testun yn fantais, gyda'm gwaith i fy hun o dan sylw, mae'r her yn y dewis a'r hepgor wrth geisio penderfynu ar yr hyn sy'n debygol o fod o ddiddordeb i ddarllenydd. Gwrthrychedd yw'r gamp.

Ymhellach, mae angen ystyried yr hyn sy'n briodol i'w gynnwys. O ganlyniad, y teulu sy'n derbyn y sylw mwyaf, boed ar dir y byw neu'n ymadawedig. Bron na chlywaf ochenaid o ryddhad o ambell barth!

Does yma fawr o sôn am yr argyfyngau bywyd i mi greu yn achlysurol i mi fy hun ac i eraill hefyd. Mae'r anallu ar fy rhan i aros yn yr unfan wedi chwyldroi bywyd ymddangosiadol gyfforddus sawl tro bellach gan beri loes i lawer. Mae ymddiheuriadau yn annigonol yn sgil y gweithredoedd a saif, a thra bod euogrwydd yr un mor dila, bydd y cydwybod yn pigo yn barhaus.

Er bod yma elfen o warchod ceraint, cyfeillion a chydnabod, gobeithio na fûm yn gaeedig ynghylch unrhyw faterion sy'n ymwneud yn uniongyrchol â mi fy hun mewn perthynas â'r caneuon. Dydw i ddim yn un am rannu meddyliau na theimladau; haint yr unig blentyn o bosib. Yn ôl fy safonau i fy hun ac er gwell neu er gwaeth, bûm yn ddigon agored yma.

O adolygu'r tudalennau, un camargraff y mae'n bosib i ddarllenydd ei gael yw i mi fyw a bod trwy gerddoriaeth ar hyd fy mywyd. Gan mai fy nghaneuon yw prif ffrwd y gyfrol hon, mae'n naturiol dod i'r casgliad hwnnw ond cystal i mi egluro mai perthynas ddigon oriog erioed a fu rhyngof i a'r gân. Er bod ysbeidiau dwys o chwarae a chreu yn digwydd yn gymharol reolaidd, bu cyfnodau hir o beidio cyffwrdd ag offeryn o gwbl. Cyfnodau o brysurdeb gwaith mewn meysydd eraill fu'n gyfrifol yn aml ond yn ogystal daeth adegau o ddiflasu ar y syniad o gyfansoddi yn gyfan gwbl.

Bûm yn benderfynol o beidio bod mewn sefyllfa o orfod dibynnu ar gerddoriaeth fel bywoliaeth a dwi'n grediniol bod ildio i'r cyfnodau hynny o ymwrthod wedi bod yn llesol. O ganlyniad, ni fu cerddoriaeth erioed yn fwrn a phan gwyd yr ysfa, mor braf yw gallu dychwelyd gydag afiaith. Ar yr adegau hyn o ailgydio ynddi, mae rhyw deimlad rhyfedd o ryddhad os nad gollyngdod yn taro, a'r sylweddoliad bod rhyw anfodlonrwydd anesboniadwy yn graddol gilio wrth chwarae eto a rhyw feddyginiaeth ar waith sy'n lleddfu unrhyw anesmwythyd.

Ar y cyfan, y caneuon cynnar sydd o dan sylw yma a'r hanesion a ddaw yn eu sgil yn naturiol yn perthyn i gyfnod cynharach bywyd ond yno o bosib y ceir yr allwedd i'r presennol. Yn y bôn, does fawr ddim wedi newid.

Huw Chiswell, Hydref 2019

Y Cwm

Wel shwd ma'i yr hen ffrind?
Mae'n dda cael dy weld di gartre fel hyn
Dy'n ni ddim wedi cwrdd
Ers i ti hel dy bac a rhedeg i ffwrdd
Rwy'n cofio nawr
Ni'n meddwl bo' ni'n fechgyn mawr
Cerdded gyda'n tade y llwybr hir i'r pylle

'Sneb yn sicr o'r gwir
Paham i ti fynd a thorri mor glir
Ma' rhai wedi sôn
Fod y Cwm yn rhy gul i fachgen fel Siôn
Wyt ti'n cofio'r tro?
Ar lethrau'r glo
Sgathru ein glinie wrth ddringo am y gore

Y graig yn sownd o dan ein traed
A chariad at y Cwm yn berwi yn ein gwaed

O fe fu newid mawr
Ers iddyn nhw gau'r holl bylle 'na lawr
Fel y gweli dy hun
Does dim nawr i ddal y bois rhag y ffin
Tithe wedi magu blas
Am ragor o awyr las
Rwy'n credu taw ti oedd y cynta i weld y tywydd ar ein gorwel

© Cyhoeddiadau Sain

CWM TAWE OEDD fy nghynefin tan 'mod i'n ddeunaw oed a'r man rwy'n ei alw hyd heddiw yn 'gatre'. Os gwir y gred i ni oll gael ein ffurfio i raddau helaeth yn ystod y cyfnod cynnar hwn yn ein bywyd, yna fe'm ffurfiwyd innau yng Ngodre'r-graig.

Fe'm ganed yn Ysbyty Treforys a'm magu yn y tŷ a brynodd fy nhad-cu ar droad yr ugeinfed ganrif, y tŷ lle ganed fy mam a'i brodyr. Fe'm magwyd yn unig blentyn, yn un o bedwar o dan yr un to – finne, fy nhad, fy mam a'm tad-cu. Roeddwn yn blentyn yn nechrau'r chwedegau, cyfnod o newid diwylliannol mawr yn fyd-eang. Ac o edrych ar hen luniau'r teulu, mae'n amlwg ei fod yn gyfnod o newid mawr yn lleol hefyd.

Mae cofnod ar ffurf lluniau fideo yn beth cyffredin iawn erbyn hyn, wrth i bawb sydd â ffôn ddod yn gynhyrchwyr ffilmiau digon soffistigedig ac yn berchen ar oriau hirfaith o ddeunydd. O'm profiad i, ni ddaw llawer ohono i'r golwg fwy nag unwaith neu ddwy, gymaint yw'r archif ac mor barod yr ydym i recordio'r pethau mwyaf dibwys bob gafael. Nid felly yn nyddiau'r *cine* 'Super 8', y fformat ffilm ar rolyn tair munud o hyd yr oedd angen ei lwytho a'i ddadlwytho o'r camera yn fynych a hynny mewn tywyllwch, cyn ei brosesu maes o law gan Kodak yn Llundain. Aros wedyn iddo ddychwelyd drwy'r post cyn ei blethu trwy daflunydd a'i ddangos i'r teulu ar wal wen y gegin. Roedd cryn gymhelliad i fod yn ddarbodus wrth saethu a'r canlyniad fyddai'r eiliadau prin hynny o gofnod sy'n tyfu i fod yn drysor teuluol – hen wynebau a thirluniau plentyndod a ieuenctid i gyd yn fud mewn byd o liw.

Mae'r cyfan wedi'i drosglwyddo yn ddiweddar i DVD ac yn y man ar ffurf ffeil yn unig y bodola, o leiaf tan bod gofyn ei ddiweddaru eto i ryw fformat masnachol newydd. Er colli rhywfaint o'r rhamant yn y broses ddigidol, hylaw a chlinigol, mae'r wefr o'i wylio ar ddisg yn parhau i fod yn brofiad cyfareddol. Yng nghyfnod y ffilm, sef y chwedegau a'r saithdegau, roedd dirywiad y diwydiannau trymion lleol, yn haearn, tin a glo, ar gerdded ers tro ac er bod tirwedd fy mebyd sydd i'w weld yng nghefndir y lluniau yn ddu, mae'r awyr yn glir o fwg ac arwyddion o wyrddni eisoes yn amlwg. Mae'r cwm erbyn heddiw yn fôr o goed a glaswellt. Ces gadarnhad o hyn pan gefais gais yn ddiweddar gan gyfarwyddwr rhaglen deledu i ddewis y mannau gorau i gael llun llydan panoramig o'r ardal. Wedi ymweld â phob un o'r lleoliadau a awgrymais, doedd yr un olygfa a oedd yn y cof yn bod bellach gan fod llen o wyrddni'r coed wedi tyfu yno ers fy ymweliad blaenorol flynyddoedd yn ôl. Rhwystredig ar un wedd, ond braf hefyd gweld amser a natur ar waith yn adfer y llethrau i'w cyflwr coediog, naturiol.

Un digwyddiad penodol a gofnodwyd ar rolyn o ffilm oedd gorymdaith Capel Pant-teg trwy'r pentref. Minnau'n blentyn yn gwneud fy ngorau glas i gael tro gan un o'r bechgyn mawr ar gynnal un o'r ddau bolyn hir a gynhaliai faner y capel. Roedd hi'n ddiwrnod heulog, braf fel pob diwrnod melyn

1980au – edrych ar y gwaith o adfer y cwm o ffenestr y gegin.

plentyndod a'r orymdaith yn rhes hir o wenau llydan. I'm llygaid i roedd y capel yn ystod y chwedegau a'r saithdegau yn ymddangos yn llewyrchus, ond mae'n bur debyg nad felly yr oedd mewn gwirionedd a'r dirywiad ar waith ers tro. O fewn cof y rhai hŷn, ailgodwyd Capel Pant-teg deirgwaith er mwyn cynnwys yr aelodaeth gynyddol. Dim ond un o nifer o gapeli ffyniannus y filltir sgwâr oedd y capel hwn.

Roedd y dyddiau hynny wedi cilio ers tro erbyn gwasgu botwm y camera bach *cine* ar yr orymdaith honno. O rifo fy nghyfoedion yn yr ysgol Sul, nifer fach sydd ar ôl bellach yn y cwm a'r rheiny, yn debyg i finnau, wedi hen gefnu ar grefydd eu llencyndod. Er ei bod hi'n stori gyfarwydd ar hyd a lled y wlad, trist iawn yw deall mai dim ond rhyw lond dwrn o selogion sydd erbyn heddiw'n mynychu'r capel hardd ac urddasol. Mae natur ar waith yma eto ond y tro hwn, yn hytrach na sefyll yng ngolau criw camera, mae fel petai'n cynllwynio yn erbyn yr hen gapel. Oherwydd tirlithriadau cynyddol ar y mynydd uwchben mae'n bur debyg y bydd rhaid i'r capel, ymhen hir a hwyr, gau'r drysau am y tro olaf. Achos tristwch mawr fyddai'r cau i Mam sydd wedi byw'n selog yno ers ei phlentyndod, a'i chymdeithas wedi cylchdroi o amgylch Capel Pant-teg ar hyd ei hoes. Does dim ond diolch nad oes cau ar ddrysau atgofion.

Y drws nesaf i'r capel y mae bwlch gwag lleoliad fy hen ysgol gynradd. Bwlch mewn rhes o adeiladau a bwlch mewn hanes, ond eto, nid bwlch yn y cof lle erys atgofion am brofiadau bore oes y disgyblion fu rhwng ei muriau. Cwyd y rheiny o feini'r mynydd uwchlaw'r ysgol ac mae'n eironig mai carreg yr union fynydd fu'n gyfrifol am ei chau. A fu'r gloddfa fry a ddarparodd y meini yn rhannol gyfrifol hefyd am ei dymchwel hi a'r capel drws nesaf? Mae Mynydd Allt-y-grug, y bu'r ysgol yn eistedd wrth ei droed, ar gerdded. Mae arbenigwyr yn dal mai tueddiad pob cwm a grëwyd gan rewlif yw gwastadu drachefn ond yn achos Allt-y-grug mae help llaw dynoliaeth ar waith trwy'r cloddio a'r ffrwydro a fu'n digwydd yno dros y blynyddoedd.

Darluniau o newid, o golli a gadael sy'n nodweddiadol o natur cymdeithas ôl-ddiwydiannol, lle daeth pobl ynghyd i ateb galw diwydiant newydd. Ffurfiwyd Cwm Tawe fodern gan y rhuthr am haearn, copr a thin ac am y glo oedd yn angenrheidiol i fwydo'r diwydiannau trwm hyn. Chwyddwyd poblogaeth yr ardal yn ddirfawr yn y broses. Ymhen hir a hwyr, wrth i'r diwydiannau encilio ac edwino gadawyd

bwlch a chollwyd y rhesymau dros fodolaeth poblogaeth yr
ardal. Dyma'r her sy'n wynebu llywodraethau a thrigolion
fel ei gilydd. Dyma hanfod y gân 'Y Cwm' a dyma sydd wrth
wraidd llawer o'm caneuon ar hyd y blynyddoedd.

Daeth y gân fel ymateb i her gan Sioned, fy nghariad
ar y pryd. Roedd hi'n taeru na fyddwn byth yn cystadlu
yng nghystadleuaeth *Cân i Gymru* gan fentro deg punt yn
arwydd o'i hyder. Erbyn y noson cyn y dyddiad cau roedd
hi'n debygol y byddai ei deg punt yn ddiogel a deg punt arall
yn ddyledus iddi hefyd, ond does dim ysgogiad tebyg i her
mewn cyfyngder ac felly dyma fynd at y piano.

Ar y pryd roeddwn yn byw yn nhŷ yr hynaws Huw
Jenkins, y bydd rhai yn ei adnabod fel mab yr annwyl
ddiweddar actor Brinley Jenkins a brawd yr actor Alun ap
Brinley. Mae'n dda gen i fod yn gyfaill i Huw hyd y dydd
heddiw, er ei fod ar hyd y byd erbyn hyn rhwng Sydney,
yr Eidal, Creta a Hong Kong, yn 'ddyn o ddirgelwch
rhyngwladol' os caf fenthyg yr ymadrodd! Bu Huw yn
ddigon caredig i'm croesawu i'w dŷ twt yn Andrews Road,
Ystum Taf, Caerdydd, y piano *baby grand* a brynais gyda
fy nghyflog cynnar gan gwmni teledu HTV. Mae gan y
piano cyntaf hwnnw hefyd gyswllt â Chwm Tawe. Bûm
yn chwilio am *baby grand* o wneuthuriad Challen ers tro
ac yn bwrw golwg ar hysbysebion mewn papurau newydd
ledled de Cymru. Bûm yn eistedd wrth sawl piano mewn
sawl tŷ yn pwyso a mesur ei safon ond, yn bwysicach, yn
ceisio asesu cymeriad yr offeryn a chanfod 'yr un'. Bu'n
daith ddigon hir cyn ateb hysbyseb am biano ym Mryn-

coch ar gyrion Castell-nedd. I lawr â mi o Gaerdydd ac yno wrth anwesu'r allweddellau, ac er gwaethaf ambell dolc yn y casyn, o'r diwedd dyma ddod o hyd i biano y teimlwn y gallwn rhywsut ei alw yn gyfaill a mwynhau ei gwmni.

Mae radar acenion y Cymry yn un digon soffistigedig ar y cyfan a bu i'r fenyw a werthai'r piano adnabod fy acen innau. Mae'n siŵr ei bod hi wedi disgwyl acen Caerdydd gan mai o'r fan honno y daeth yr ymholiad gwreiddiol. Dyma holi o ble yn union yr oeddwn yn dod a minnau'n dweud Godre'r-graig, Ystalyfera. Esboniodd hithau wedyn mai o Ystalyfera y daeth y piano yn wreiddiol ac yn wir, roeddwn yn adnabod yr union dŷ. Am gyd-ddigwyddiad braf, a dyma selio'r fargen yn y fan a'r lle. Yn hwyrach y noson honno dyma frolio'r piano wrth Mam ac adrodd hanes y cyswllt gydag Ystalyfera. Erbyn i'r sgwrs ddod i ben ac er cryn syndod, sylweddolwyd nid yn unig bod fy mam yn gyfarwydd iawn â theulu'r piano ond mai ar yr union biano hwnnw y cafodd hithau ei gwers gyntaf un.

Bu'r piano yn gyfaill mynwesol am flynyddoedd lawer ac arno y cyfansoddwyd caneuon fel 'Y Cwm', 'Tad-cu' a 'Dwylo dros y môr', ac er bod y Steinway a ddaeth maes o law yn ei le yn rhagori mewn sawl ffordd, mae rhyw hiraeth o hyd ar ôl y Challen ac i ryw raddau rwy'n difaru cefnu ar yr hen gyfaill.

Yn ôl at *Cân i Gymru* a'r rhuthr i gwrdd â'r dyddiad cau. Bu cryn chwysu dros yr allweddell y noson honno – hen batrwm, fe ymddengys. Eto, mi ddaeth cnewyllyn y gân yn ddigon buan. Yn fy nhyb i, pwrpas Cân i Gymru oedd esgor ar gân *am* Gymru, felly dyma lunio darn ar sail fy Nghymru innau, sef fy nghynefin, ddoe a heddiw.

Roedd hi'n 1984, cyfnod Streic y Glowyr, ac er bod y gân fel petai'n pontio cyfnodau amrywiol heb fod wedi'i gosod mewn cyfnod penodol, ac er nad oedd hi chwaith yn gân am y glowyr yn benodol, mae'n debyg fod iddi ei helfen o sylwebaeth wleidyddol perthnasol i gyfnod ei chreu. Yn wir, mae'r gân yn gawdel o gyfnodau sydd yn fy meddwl yn adlewyrchu cyfnod fy nhad-cu a chenhedlaeth fy mam yn ogystal â 'mhrofiadau innau wrth brifio yn y cwm. Mae'r thema 'gadael' a geir yn 'Y Cwm' yn gyffredin yn fy ngwaith, sy'n naturiol o ystyried fy mod yn esiampl o effaith diboblogi ar y diwylliant Cymreig a'r iaith Gymraeg. Dyma wirioneddau sydd wedi tyfu'n obsesiwn i lawer ohonom sydd o'r un anian. Rwy'n siŵr bod nifer ohonom wedi sylwi, o gymdeithasu gydag chriw o Gymry, fod y sgwrs ymhen hir a hwyr yn troi at yr iaith Gymraeg.

Gofynnwyd i mi droeon pwy yw'r 'Siôn' a enwir yn y gân. Gan i mi adael fy nghynefin i bob pwrpas yn ddeunaw oed ac oherwydd i mi fyfyrio uwch y cyflwr hwn o alltudiaeth ers hynny, mae'n rhesymol dyfalu mai rhyw lun ohonof i fy hun sydd dan sylw. Er mai Cwm Tawe yw'r ysbrydoliaeth, gobeithio ei bod hi'n gân i bob cwm a chwmwd. Felly hefyd Siôn. Pob Cymro sydd wedi gadael ei fro ydyw ac arwyddocâd hynny i ni oll yw testun 'Y Cwm'. Ond eto, daeth fy mhrofiad cyntaf o 'adael' trwy gyfrwng cyfaill bore oes yn gadael pentref Godre'r-graig.

Magwyd Gareth Owen yn rhif dau, New Street, sef y tŷ

gyferbyn â ninnau yn rhif un, ac er ei fod ryw bedair blynedd yn hŷn na mi yn yr ysgol roedden ni'n gyfeillion agos, yn y blynyddoedd cynnar o leiaf. Roedd Gareth yn un main, pen golau, bywiog – welais i neb cynt am redeg y wal hir ac uchel rhwng New Street a'r eglwys. Pe tynnai ei sgidie, synnwn i damed na welwn garnau gafr! Mae cof amdano i'w weld yn sialc ein plentyndod ar furiau mewnol garej y tŷ hyd heddiw, yn enwau a chyfeiriadau'n cyfeillion a nodwyd ganddo, yn ogystal ag yn nyluniad offer llywio'r llong ofod ar ffurf garej a'n cludodd ar ein teithiau rhyngblanedol a ninnau'n achub y blaen ar Apollo wrth gyrraedd y lleuad. Roedd ei olygon ar y pellteroedd hyd yn oed bryd hynny!

Doedd neb wedi'i wreiddio'n ddyfnach yn y cwm na Gareth, ei fam yn organydd yn y capel a'i dad yn gweithio yng ngwasg *Y Llais* (*Llais Llafur*, y papur newydd sosialaidd a gyhoeddid yng Ngwm Tawe). Yn ein harddegau hwyr magodd Gareth ddiddordeb mewn teithio, a hynny'n benodol i Ganada. Mi gofia i ei afiaith wrth iddo ddangos lluniau ei deithiau a sôn am ei brofiadau wrth grwydro. Nid yw'n syndod iddo ymgartrefu yno, a bellach Canada yw ei fyd, ei gartref ef a'i deulu a'r cysylltiadau teuluol â Chwm Tawe wedi diflannu bob un. Ar yr achlysuron prin y bu i ni siarad â'n gilydd dros y blynyddoedd diwethaf, roedd yn dda clywed bod ganddo'i iaith o hyd, er bod ganddo acen Ganadaidd gref. Mae'n siŵr bod trigolion Alberta ar y llaw arall yn dal i glywed yr acen Gymreig yn ei Saesneg.

Perodd ymadawiad Gareth chwilfrydedd ynghylch y

cysyniad o adael cartref, yn enwedig o ystyried mor derfynol oedd y mudo yn ei achos ef. Ni aeth yr un o'm cydnabod mor bell mor fuan, ac wrth ddyfalu ei gymhellion a'i resymau y daeth deunydd crai sawl cân.

Erbyn hyn mae'r rhelyw o'm ffrindiau wedi dianc dros ryw ffin neu'i gilydd er bod rhai yno o hyd, yn gydnabod hore oes na welaf lawer arnynt bellach, gwn y gallaf eu galw yn gyfeillion. Profodd ymadawiad Gareth yn fwy arwyddocaol nag yr oeddwn wedi sylweddoli ar y pryd. Gareth oedd y cyntaf o'm cydnabod agos i adael y cwm, y cyntaf i weld 'y tywydd ar ein gorwel'. Wrth ysgrifennu hyn o eiriau, mae rhyw gymhelliad i ddyfalu sgwn i a welwn ni fyth 'rywun yn dychwelyd'.

Anfonais gopi o'r gân at y BBC mewn pryd, o drwch blewyn, gan ennill deg punt yn y fargen. Doeddwn i ddim yn disgwyl clywed mwy ond ymhen amser daeth galwad gan Delwyn Siôn, y canwr gyfansoddwr a chynhyrchydd rhaglen *Cân i Gymru*, yn datgan bod fy nghân drwodd i'r rownd derfynol. Yn ôl yr hysbyseb wreiddiol, roedd dewis gan yr awdur naill ai i ganu'r gân ei hun neu i ganiatáu i rywun arall ganu. Esboniodd Delwyn fod y fformat am newid ychydig y flwyddyn honno ac y byddai hanner yr arlwy yn cael ei ganu gan Caryl Parry Jones a'r hanner arall gan Geraint Griffiths. Roeddwn i'n fwy na bodlon i beidio gorfod canu'r gân newydd sbon hon ar deledu byw. Roedd doniau Geraint yn hen gyfarwydd i mi hefyd trwy ei waith gyda'r band poblogaidd Eliffant, a'r clasur 'Capten' oedd cân *finale* disgos y cyfnod, felly dyma gytuno ar unwaith.

Roedd y cyfan yn syndod ac yn bleser hefyd i mi yn dair ar hugain oed.

Eisteddais gyda'r gynulleidfa stiwdio ar y noson yn mwynhau clywed y caneuon eraill am y tro cyntaf, cyn i gyfri'r pleidleisiau gychwyn ac i Emyr Wyn eu cyflwyno i ninnau a'r gwylwyr. Doeddwn i ddim yn nerfus gan nad oeddwn yn disgwyl creu argraff. Pan gyhoeddwyd y canlyniad terfynol, roedd y galon yn curo a'r adrenalin yn cwrso drwy'r gwythiennau. Mae'n rhaid bod Emyr Wyn wedi gweld rhyw olwg felly yn fy llygaid wrth gyfweld â mi ar lawr y stiwdio, o flaen y camerâu, gan i mi ganfod llygedyn o bryder os nad ofn yn ei lygaid yntau wrth fy holi. Erbyn heddiw y cwestiwn olaf yn unig a gofiaf:

> Emyr: Wel, llongyfarchiadau mawr, Huw! Beth wyt ti am wneud gyda'r pum can punt o wobr?
> Finne: Edrych am dŷ haf.

Roedd hanes yr ymgyrch losgi tai haf yn fyw o hyd i lawer ohonom, felly mentrais gyfeiriad bach eironig ar gyfer y rhai a gymerai ddiddordeb yn hynt y fath weithgareddau gwachul.

Rwy'n diolch hyd y dydd heddiw am sialens Sioned, nid yn unig am i'r gân fod yn fuddugol yn y gystadleuaeth ond oherwydd y sylw a ddaeth yn ei sgil i'm gwaith fel cyfansoddwr. Comisiynwyd rhaglen arbennig gan S4C oedd yn bortread ohonof i ac yn cynnwys rhai o'r caneuon yr oeddwn wedi'u cyfansoddi, yn ogystal ag 'Y Cwm'. Drwy'r rhaglen hon, cynhyrchwyd trefniannau llawn o'r caneuon hyn a fyddai'n sail i record hir yn y man. Roedd y rhaglen yn gyfuniad o grwydro fy nghynefin a fideos yn darlunio'r caneuon amrywiol. Roedd yn rhaglen boblogaidd a enillodd wobrau rhyngwladol mewn gwyliau teledu amrywiol. Daeth cryn sylw yn ei sgil.

Diolch i'r gân, bu gweddill yr wythdegau yn wib o gyngherddau, ymddangosiadau ar deledu a chyfweliadau radio. Er bod budd a manteision mawr i'r sylw oedd i ddod, ni allwn â'm llaw ar fy nghalon ddweud i mi fod yn gwbl gyfforddus â phob agwedd o'r cyhoeddusrwydd a'r sylw, yn enwedig a minnau'n fachgen cymharol ifanc o hyd. Ond fy newis i oedd ymroi i'r cyfan, a dydw i'n difaru dim. Mae gen i atgofion melys o'r cyfnod ac rwy'n diolch am y fraint a'r cyfle i ganu caneuon y recordiad hwnnw i gynulleidfaoedd Cymru hyd y dydd heddiw, a gwefr yw clywed eraill yn eu canu. Yn wir, gan fod corau a phartïon amrywiol yn canu'r gân, profiad cyfarwydd yw canu 'Y Cwm' mewn cyngerdd a'i chlywed yn atseinio yn ôl ar lif un don ysgubol pedwar llais perffaith. Ble arall ond Cymru?

Dwylo dros y môr

Mi ddaeth y glaw i guro'r to
Pobl y stryd mewn ffwdan ar ffo
Wrth edrych i'r nen pob talcen yn grych
Yn rhegi rhyw obaith am dywydd sych
Ac yn yr haul mi welant dir
Lle ma' byw yn wên dan wybren fythol glir

Mi wawriodd eto yng ngwlad yr haul
Gwawr heb wlith na gwair na dail
Planhigion crimp a llwch yn bridd
Breichiau crin yn llipa a lludd
Ac yn yr haul cei weld y gwir
Lle mae byw am ddydd yn fyw am amser hir

Ydy'r lluniau ddaw pob dydd
Yn sigo dy galon a siglo dy ffydd
Wynebau gwag sy'n syllu mor flin
Yn llenwi dy lygaid wrth lenwi dy sgrin

Yn yr haul cei weld y gwir
Lle mae byw am ddydd yn fyw am amser hir
A bod yn anos fyth pob dydd

Canwn nerth ein henaid fry
Canwn ag angerdd yn ein cri
Canwn, bloeddiwn yn un côr
Ac estyn dwylo dros y môr

© Huw Chiswell

GALWAD FFÔN GAN Dafydd Roberts, Ar Log, oedd y symbyliad cyntaf i'r gân 'Dwylo dros y môr', er i adroddiad Michael Buerk a'r lluniau truenus o newyn Ethiopia a barodd o '83 i '85 fy nharo fel bollt. Mae'r delweddau trawiadol hynny wedi glynu wrth len y cof a'u gallu i nychu wedi para hyd y dydd heddiw. Sychder oedd achos y newyn, ond gwyddom erbyn hyn fod y sefyllfa yn dipyn mwy cymhleth na hynny ac i'r sychder hwnnw fod megis hoelen olaf yn arch poblogaeth oedd eisoes yn dioddef yn enbyd effeithiau'r rhyfel mewnol ciaidd. Roedd y lluniau newyddion cignoeth yn erchyll, truenus a gwarthus. Cytunais ar amrantiad i gais Dafydd i gynhyrchu record sengl er mwyn codi arian at yr achos. Roedd Band Aid eisoes ar waith ond doedd dim dadlau na thrafod trafferthion 'efelychu'. Wedi'r cyfan, gorau po fwyaf o ffynonellau oedd yn estyn cymorth yr oedd angen dybryd amdano a phriodol oedd i ninnau'r Cymry godi'n lleisiau hefyd a chefnogi ymgyrch i godi arian.

Roedd cael 'comisiwn', fel petai, yn brofiad newydd i mi. Yn y man cyntaf, roedd thema wedi'i gosod gan gefndir hanesyddol y newyn ac yn ail, teimlwn fod natur y record yn gofyn am gân mewn arddull berthnasol. Fy mwriad wrth fynd ati oedd cyfleu neges uniongyrchol mewn iaith syml a chreu cytgan a fyddai'n ganadwy i dorf. Wrth eistedd wrth y Challen bach yn Andrews Road ar ddiwrnod llwyd a gwlyb, daeth y llinell agoriadol 'Mi ddaeth y glaw i guro'r to', ar ei hunion wrth ddisgrifio'r olygfa drwy'r ffenest gefn.

Roedd gofyn cyfansoddi'r gân ar fyrder er mwyn bwrw iddi gyda'r cynlluniau uchelgeisiol wrth drefnu'r recordiad a'r cyngerdd mawreddog yn Neuadd Dewi Sant, Caerdydd. Roedd Eisteddfod yr Urdd ar ein gwarthaf ac yn digwydd dod i'r brifddinas. Yr her oedd trefnu'r cyngerdd i gyd-fynd â'r ŵyl er mwyn gallu denu cynulleidfa o Gymru benbaladr. Roedd brys braidd a disgwyl i mi gwblhau'r gwaith o greu'r gân erbyn diwedd y prynhawn. Felly y bu.

Mae dwyn hyn oll i gof yn fy atgoffa o'r dulliau cyntefig oedd ar waith bryd hynny wrth gyfansoddi. Erbyn heddiw, mae cyfarpar recordio soffistigedig wrth law yn y tŷ pryd bynnag fo'i angen. Mae cynnydd technolegol yn golygu bod modd bellach cynnwys y cyfarpar sydd ei angen er mwyn creu recordiad go broffesiynol o safon mewn cornel ystafell o faint cymedrol, a phob teclyn o fewn cyrraedd i unigolyn o gyfansoddwr. Yn ystod cyfnod 'Dwylo dros y môr', Stiwdio Loco ym mherfeddion cefn gwlad Sir Fynwy oedd fy newis stiwdio ac roedd honno'n llond adeilad o dechnoleg analog gymhleth ond digon hynafol erbyn hyn. Wedi dweud hynny, heb fynd i fanylder diflas ynghylch technegau recordio, mae llawer o artistiaid heddiw yn troi'n ôl at y dechnoleg analog hon gan daeru (yn debyg i achos yr hen gamera *cine* hwnnw) bod rhyw gynhesrwydd organig, byw yn y dull o recordio sydd ar goll yn y broses ddigidol, glinigol a dienaid.

Fy nghymdeithion ar y diwrnod hwn o gyfansoddi oedd papur maniwsgript, pad nodiadau a pheiriant casét cludadwy. Pwy fynnai fwy! I lawr ar y papur maniwsgript yr âi unrhyw gordiau neu ddilyniannau anarferol, i'r pad nodiadau y geiriau ac i'r casét y recordiad o biano a llais gorffenedig cyntaf. Yn ôl fy arfer heddiw, mi fyddai recordiad yn cynnwys trefniant llawn o biano, gitâr, bas, lleisiau cefndir, llinynnau a phres, oll wedi'u cofnodi yn ddigidol ar ddisg erbyn diwedd y sesiwn. Does dim dwywaith mai gwaith pleserus yw creu traciau yn y modd cyfoes hwn ond rhaid cyfaddef bod llawer o egni yn cael ei dreulio yn y broses dechnegol – egni y gellid dadlau a ddylai fod yn tanio'r broses o greu'r gân ei hun. Yn fwy ddiweddar, er gwell neu er gwaeth, rwy'n tueddu i gyfansoddi yn yr hen ddull, heb fod yn agos at beirianwaith recordio nes bo'r gân yn orffenedig ac yn barod i'w chofnodi.

Digwyddodd y cyfan ar ruthr syfrdanol. Lluniwyd trefniant gan Myfyr Isaac a daeth y band ynghyd i recordio'r trac cefndir yn Stiwdio Loco. Ond roedd y diwrnod mawr eto i ddod. Bu hwnnw'n ddiwrnod cymysg o bwysau, pleser a gwefr – y pwysau o boeni bod pawb yn cyrraedd y stiwdio, y pleser o'u gweld yn cyrraedd a'r wefr o'u clywed yn canu gyda'r fath arddeliad! Roedd y rheiny ohonom oedd yn cyfrannu at y penillion eisoes wedi cwblhau'r gwaith, ond roedd bod yn dyst i'r recordiad cyflawn yn fythgofiadwy. I feddwl bod cymaint o griw wedi dod ynghyd i ganu un o'm caneuon i! Yn enwedig rhai y bûm yn edmygu'u gwaith ers blynyddoedd. Roedd hyd yn oed eira wedi disgyn i gwblhau'r darlun trwy ffenest y stiwdio gan danlinellu'r wedd swreal oedd i'r achlysur.

Hyd yn oed yn y dyddiau cynnar hynny yn yr wythdegau, roedd yn rhaid cael camerâu teledu i gofnodi'r digwyddiad.

Alwyn Roberts oedd yn ffilmio a bu'n garedig gyda'i amser ac adnoddau ei gwmni, Enfys. Yn ogystal â chofnodi'r cyfan, saethodd fideo o'r gân yn cynnwys y cantorion unigol a chriw'r gytgan. Cyfraniad cofiadwy arall i'r fideo oedd y darlledwr Richard Rees, ar ran Radio Cymru, yn dal bwrdd gwyn gyda geiriau'r gytgan arno, i sicrhau nad oedd embaras nac esgus i unrhyw aelod o'r côr o sêr anghofio'r geiriau.

Recordiwyd lluniau'r penillion ar fryn gerllaw'r stiwdio – roedd yr eira cefndirol yn ychwanegu rhyw eironi rhyfedd i ddelweddau'r darn wrth i gantorion fel Geraint Jarman, Caryl, Neil Maffia a Martyn Geraint ganu'u llinellau a'r geiriau'n mygu o'u genau yn oerfel y prynhawn. Bydd y craffaf ohonoch wedi sylwi fod amodau fy nghyfraniad i yn bur wahanol. O ganlyniad i nam ar y tâp bu'n rhaid ailrecordio ymhen pythefnos a hynny y tu allan i stiwdio deledu HTV yng Nghroes Cwrlwys a hithau'n ddiwrnod heulog. Ai fi oedd yr unig ganwr heb got?

Roedd y cyngerdd mawr yn Neuadd Dewi Sant, Caerdydd a drefnwyd i gyd-fynd ag Eisteddfod yr Urdd yn brofiad arall bythgofiadwy. Roedd cyfranwyr y sengl yno, a rhai yn canu set fer o ganeuon cyn ymuno i ganu 'Dwylo dros y môr' fel *finale* a hyd yn oed Ricky Hoyw wedi'n bendithio â'i bresenoldeb! Roedd y camerâu teledu yno hefyd yn darlledu'n fyw. Mae'n bosib bod edrych yn ôl dros amser yn dwyn atgofion camarweiniol o euraid ond mae'r cof i mi yn un o gyffro unigryw. Roedd S4C yn ei babandod o hyd ac rwy'n cofio rhyw wefr ynghylch hynny, rhyw deimlad o gyfrannu rhywbeth gwerth chweil at yr achos, ac mae cofnodi myfyrdodau ynghylch y digwyddiad am y tro cyntaf yn ailgynnau arlliw o deimladau'r foment. Yn ogystal â'r nod dyngarol, bu'r profiad hefyd yn gadarnhad o werth y profiad Cymraeg a'r cyfleon a all ddod o ymwneud â'n diwylliant.

Cefais f'atgoffa o hynny'n ddiweddar yn yr union fan, ond o safbwynt y gynulleidfa y tro hwn. Adeg cystadleuaeth Canwr y Byd 2013 oedd hi a'r *mezzo-soprano* o Americanes, Jamie Barton, wedi cipio'r brif wobr. Roedd y gynulleidfa wedi dangos ei gwerthfawrogiad a Jamie wedi derbyn y gymeradwyaeth a'r tusw sylweddol arferol yn raslon. A chloi gyda'r anthem genedlaethol – y gerddorfa'n cychwyn y rhagarweiniad a'r gynulleidfa'n sefyll. Roedd hon, wrth reswm, yn gynulleidfa hyddysg mewn cerddoriaeth a daeth yn amlwg yn fuan iawn bod datganiad torfol pedwar llais ar droed. Mae'n rhaid bod canran sylweddol o Gymry Cymraeg yno gan i'r sain a gynhyrchwyd fod yn un o safon ac eglurder nodedig. Mentraf ddweud, heb dynnu oddi ar ddatganiad y gantores fuddugol, mai'r perfformiad torfol hwn o'n hanthem ragorol oedd uchafbwynt yr achlysur go iawn. Roedd blew fy ngwar yn canu hefyd y noson honno. Roedd hyd yn oed gyfeiriad at y foment hon gan y diweddar A. A. Gill yn *Sunday Times* y Sul canlynol. Ei awgrym ef hefyd oedd i'r anthem ragori ar arlwy'r llwyfan y noson honno, wrth ddefnyddio'r geiriau 'Something about a culture'. Mentraf mai dyna oedd ar waith ar noson cyngerdd 'Dwylo dos y môr'.

Dyma'r math o brofiad a gynigiwyd gan S4C yn y dyddiau
cynnar. Yn anorfod, roedd rhyw asbri diniwed, iach i'w
deimlo ynghylch y sianel a'i gweithgareddau bryd hynny
nad yw yno i'r un graddau bellach, hyd y gwelaf. Gall hyn
fod yn arwydd cadarnhaol o aeddfedrwydd y sefydliad wrth
iddo dyfu'n fusnes difrifol. Efallai mai fi sy'n rhamantu
wrth edrych yn ôl ond mae'n chwith ar ôl y dyddiau cynnar,
diniwed hynny o anadl einioes a rhyw olau'n pefrio yn y
llygaid. Sgwn i sut mae eu galw nhw'n ôl?

Mae'n briodol crybwyll ychydig mwy am fy ngyrfa y tu ôl
i'r camera gan ei fod yn rhan sylweddol o'm bywyd. Rwy'n
ddiolchgar iawn am y cyfleon a'r profiadau a ddaeth yn sgil
fy ymwneud â'r diwydiant. Cefais y cyfle i droi mewn byd
proffesiynol yr oedd gen i eisoes ddiddordeb ynddo. Mae'r
ffaith mai trwy gyfrwng y Gymraeg y bu'r rhan helaethaf
o'm gwaith yn rhoi pwrpas i'r cyfan yng nghyd-destun y byd
a'i bethau wrth ymwneud â chyfrwng adloniant sy'n aml
yn pendilio tuag at yr arwynebol. Rhith neu beidio, roedd
gweithio trwy gyfrwng y Gymraeg yn teimlo'n debycach i
ymgyrch!

Bûm yn ffodus i weithio gydag unigolion dawnus ym
mhob maes yn y byd teledu. Rhaid dweud nad oedd bywyd
gwaith bob amser yn fêl i gyd wrth i'r pwysau arferol wasgu
ond cefais hwyl di-ben-draw, troeon trwstan niferus a
hefyd addysg werthfawr mewn gwaith a bywyd. Bu llawer
o chwerthin wrth gynhyrchu a chyfarwyddo rhaglenni a
hynny ymysg ffrindiau. Cefais deithio'r byd yng nghwmni
difyr cyfeillion da, yn enwedig fy nghyfaill annwyl Gwerfyl

Jones. O Sydney i Copenhagen ac o Siena i Calgary, hoffwn feddwl i ni gyflawni gwaith o safon gan sawru pob gronyn o bob profiad. Cefais brofiad amhrisiadwy o ochr ddarlledu'r cyfryngau hefyd wedi derbyn swydd fel comisiynydd adloniant S4C. Roedd cael mewnolwg i fecanwaith y sefydliad ar ôl bod yn cynhyrchu rhaglenni ar ei gyfer cyhyd yn hynod o ddifyr. Diolchaf hefyd am y cyfle i ymwneud â'r sector cynhyrchu cyfan yn ei holl amrywiaeth a chael bod yn weithredwr ym mhob cornel o'r maes. Roedd y byd hwn mor bell o'r bywyd o lafur diflas a pheryglus a brofodd fy nghyndeidiau, ac er rhialtwch chwil byd y cyfryngau, bu'r gydwybod Bresbyteraidd yn pigo'n aml.

Yn ôl at y gân a'r llwyfan. Cefais y fraint o agor y noson honno yn Neuadd Dewi Sant drwy ganu set unigol wrth y piano. Yn bedair ar hugain oed, doedd dim wedi fy mharatoi ar gyfer troedio'r byrddau pren hynny i sain fyddarol bonllefain croesawgar y dorf a'r neuadd dan ei sang. Byddwn yn canu ar y llwyfan hwnnw eto ymhen blynyddoedd dan amgylchiadau digon tebyg a'r awditoriwm yn llawn, ond gwahanol oedd y profiad hwnnw rhywsut. Y noson hon oedd y gyntaf o'i bath i mi a'r unig achlysur rwy'n ei gofio lle gwnaeth y nerfau hynny sydd fel arfer yn cilio gyda'r cord cyntaf barhau i drydanu trwy gydol fy mherfformiad. Serch hynny, roedd cân olaf y noson yn bleser pur wrth i'r artistiaid ymgynnull ar y llwyfan, ac i'r gynulleidfa wresog godi ar ei thraed i ymuno â ni.

Wrth i'r flwyddyn honno fynd yn ei blaen cefais brofiad rhyfedd o safbwynt y gân. Roedd cyffro gwyllt y cyfnod recordio a'r cyngerdd wedi gostegu a bywyd wedi dychwelyd i'w drefn arferol. Yn Llundain ar gyfer rhyw waith neu'i gilydd, trefnais i gwrdd â ffrind mewn tafarn yn y West End. Wrth fwynhau llymaid a sgwrsio'n fywiog, clywais seiniau cyfarwydd yn dod i'm clust ac wrth godi fy ngolygon at sgrin y dafarn, roeddwn yn ôl y tu allan i Stiwdio Loco yng nghwmni'r criw yn canu 'Dwylo dros y môr' yn fideo Alwyn Roberts. Roedd y ffenomen wythdegaidd honno, y 'Video Jukebox', ar ryw fath o lŵp, mae'n rhaid, yn chwarae caneuon y siart Brydeinig. Bu'r sengl, trwy garedigrwydd poblogaeth elusengar Cymru, yn ddigon ffodus i gyrraedd y siartiau hynny ac roedd felly wedi ennill ei lle yn y dafarn Lundeinig hon. Yn dilyn y syndod o glywed y gân a gweld y fideo dan y fath amgylchiadau annisgwyl, rhaid cyfaddef, fel estron alltud y noson honno i ryw don fach o falchder gerdded drosof.

Mae'r gân elusen yn ffenomen dipyn mwy cyfarwydd erbyn hyn, ac wn i ddim beth oedd maint cyfraniad ariannol y gân a'i heffaith ar y newyn trychinebus hwnnw yn Ethiopia, ond roedd yn fraint bod yn rhan o'r ymgyrch. Pob clod i Dafydd Roberts am ei weledigaeth ac am roi egni i'r prosiect a diolch iddo am roi'r cyfle i ni gyfrannu a chyfranogi.

Roedd y cyfnod hynod hwn yn un arbennig o brysur i mi ac roedd galw cynyddol arnaf i gynnal cyngherddau ac ymddangos ar y teledu. Gan fod hen aelodau cerddorfa'r sir yn gwmni i mi ar y pryd ac yn gerddorion unigol gwych bob un, doedd agwedd gerddorol yr her yn fawr ddim o drafferth. Yn hytrach, y gwaith trefnu oedd fwyaf beichus. Yn dilyn wythnos o waith ar raglenni teledu amrywiol, golyga'r penwythnos ofalu am ddwsin o gerddorion anystywall â'u cludo wrth i ni gyrchu neuaddau a theatrau Cymru benbaladr.

Er bod y teithio yn parhau yn achlysurol hyd heddiw, mae'n dueddol o fod ar gyfer cyngherddau unigol – adwaith, o bosib, i'r atgof am y dyddiau cynnar hynny. Mae tipyn llai o waith trefnu bellach ac ychydig iawn o waith llwytho cyfarpar wrth i'r trefnwyr amrywiol fod yn ddigon caredig i ddarparu piano ar fy nghyfer. Ond nid aiff y dyddiau cynnar hynny o gludo fy mhiano fy hun yn angof! Fy newis biano ar gyfer cyngherddau oedd yr enwog Yamaha CP70, ac union hen biano'r cyfansoddwr a'r seren o ganwr, Cat Stevens. Mwngrel gwych o biano yw hwn yn yr ystyr ei fod yn gyfuniad o biano trydan a phiano go iawn. Ym mherfedd ei flwch mae ffrâm fetel, tannau a mecanwaith morthwylion a phedal yr Yamaha Baby Grand acwstig ond yn ogystal, ddyfeisiau chwyddo'r sain a'r holl beirianwaith electronig angenrheidiol. Cyfuniad perffaith nes gorfod wynebu'r her o symud yr offeryn ofnadwy o drwm a thrwsgl hwn.

Ni châi yr hen Gat fyth drafferth o'r fath gan i'r cyfan fynd i flychau hedeg hwylus i'w llwytho i lorïau gan y criw cludo, gyda chyfarpar codi mecanyddol pwrpasol a hylaw. I mi, roedd hi'n stori bur wahanol. Ar gyfer cyngherddau'r band, dibynnwn ar gymorth parod ein *roadie* ffyddlon, y barfog gwlffyn o'r Coelbren, Gavin. Ond doedd Gavin ddim yn bresennol y naill ben na'r llall o'r daith wrth lwytho o'r tŷ nac wrth ddychwelyd gartref. Roedd cyngherddau unigol y cyfnod wrth reswm yn golygu unawd llwytho. Roedd gofyn nerth bôn braich go iawn a chefn ystwyth cyn meddwl am y sensitifrwydd cyferbyniol fyddai ei angen wrth anwesu'r allweddell o flaen y dorf; naid seicolegol braidd wrth fwytho'r bwystfil y bûm yn rhegi a bytheirio o dan ei bwysau ryw awr ynghynt.

Bu sawl un yn gofyn pam dewis cludo'r fath bwn yn hytrach na'r opsiynau hygyrch, haws a oedd ar gael hyd yn oed bryd hynny yng nghyfnod cynnar technoleg y piano trydan. Gallwn gynnig sawl ateb i'r cwestiwn, er o edrych yn ôl, gellid dadlau nad oedd yr un ohonynt yn gyfan gwbl resymegol.

Roedd gan y CP70 hanes yn y byd cerdd. Roedd yn offeryn prin a nodedig ac i'r sawl a ymddiddorai yn y maes, roedd rhyw hygrededd a phresenoldeb anfarwol yn ei gylch – heb sôn am y ffaith mai ei gyn-berchennog oedd Cat Stevens a'i sain i'w chlywed am byth ar ei recordiadau gwych. Y ffaith bod Cat wedi troi at Islam a gwerthu ei eiddo bydol arweiniodd at fy mherchnogaeth o'r offeryn. Rhyw reswm ryfedd arall am y dewis, o bosib. Yn ail, roedd iddo sain unigryw ac arbennig a ganai uwchlaw seiniau synthetig y cyfnod megis sain yr hollbresennol DX7. Roedd hefyd yn biano 'go iawn' o ran ei wneuthuriad ac o ganlyniad yn teimlo fel piano wrth gyffwrdd â'i allweddellau a theimlo pwysau'r morthwylion. Yn olaf, ac yn arwyddocaol o ran meddylfryd y perfformiwr, gan ei fod yn horwth o beiriant, cynigai amddiffyniad os nad cuddfan hyd yn oed, wrth i mi ddinoethi fy hun gerbron cynulleidfa gan rannu emosiynau a datgelu rhai o gyfrinachau'r enaid mewn cân.

Bymtheg mlynedd yn ôl, dychwelais at yr hen biano mewn cyngerdd yng Nghaerdydd. Mae'n rhaid fy mod wedi anghofio artaith y weithred oherwydd roedd gofyn datgymalu'r piano yn fy stiwdio ar drydydd llawr y tŷ cyn ei gludo i lawr grisiau serth a throellog. Fel mae'n digwydd, roedd lleoliad y cyngerdd yn gofyn am gludo'r piano at uchder tebyg y pen arall ac roedd angen wedyn imi ddychwelyd y piano ac ail-fyw y profiad. Fy nghyfaill Huw Parry, chwarae teg iddo, fu'n cydlwytho gyda mi a thrwy ei ddannedd a'r gawod chwys oedd rhyngom, addawodd na wnâi'r fath gymwynas fyth eto. Digon teg, dywedais, gan gytuno'n llwyr â'i safiad. Mae piano Cat yn yr unfan ers y diwrnod hwnnw.

Ni fu 'Dwylo dros y môr' ar restr caneuon y band nac yn y *repertoire* er i lawer o'r dorf ofyn am y gân droeon ar hyd y blynyddoedd. Fy meddylfryd ar y pryd oedd mai cân elusen oedd hon, wedi'i chyfansoddi at bwrpas penodol ac, er 'mod i'n ymwybodol o'r angen iddi adlonni, teimlwn rywsut nad y neuadd gyngerdd fyglyd a chwyslyd oedd ei lle.

Cododd anghydfod yn ystod y cyfnod o ganlyniad i'r ymwrthod hwn. Cefais gynnig i lunio rhaglen yn sciliedig ar fy mywyd a'm caneuon. Rhaglen mewn cyfres o'r enw 'Dawn' oedd hi ac roeddwn yn un o tua dwsin o unigolion, yn actorion a cherddorion, a ddewiswyd ar gyfer y gyfres o broffiliau awr o hyd. Roedd fy rhaglen i yn gyfuniad o fideo, datganiadau yn y stiwdio a phytiau ffilm ohonof yn crwydro fy ardal enedigol yn siarad gyda theulu a chydnabod, gan blethu'r cyfan mewn naratif o gylch y caneuon. Roeddwn yn gyfrifol am ddewis y caneuon ac ysgrifennu'r sgript. Nid oeddwn wedi cynnwys 'Dwylo dros y môr'. Mynnai'r uwch-gynhyrchydd a phennaeth yr adran gynnwys y gân a mantcisio ar ei phoblogrwydd. Bu cyfarfodydd mynych rhyngom a chryn ddadlau, cyn i mi gytuno i ganu'r gân ar yr amod fod parti o blant yn cael cydganu gyda mi. Lliniarodd hynny rywfaint ar y profiad anghysurus yn sbloets y set stiwdio lachar, ond teimlwn fy mod yn gweithredu yn groes i'm hewyllys ac roedd diweddglo'r rhaglen wedi'i ddifetha i mi'n bersonol. Er i'r rhaglen ennill gwobrau gartref a thramor, gan gynnwys gwobr yng Ngŵyl Deledu Efrog Newydd, mae'r blas cas yn aros. Er tegwch, mae'n flas cyfarwydd wrth ystyried ambell brofiad arall wrth ymddangos ar raglenni adloniant y cyfnod!

Drwy'r cwbl rwy'n falch iawn o 'Dwylo dros y môr', o'i hanes a'i hamcan ac o'r hyn a gyflawnwyd ganddi, ond mae'n gân sy'n codi cwestiynau wrth ei pherfformio. Mae pellter amser yn ei gwneud hi'n haws i'w chyflwyno erbyn hyn ac yn ystod y blynyddoedd diwethaf, bûm yn canu fersiwn unigol ohoni ar lwyfan mewn ymateb i ambell gais o'r gynulleidfa – rhyw gau cylch amherffaith o bosib a gychwynnwyd gyda'r datganiad unigol, nerfus hwnnw ym 1985 ar lwyfan Neuadd Dewi Sant wrth grynu y tu ôl i'r Yamaha P70 Electric Grand.

Rhywun yn Gadael

Dim sŵn
Mae'r gwas 'di rhoi stŵr i'r cŵn
Gadael bwlch yn y bore lle na fu o'r bla'n

Hen dro
Traed ar y llwybr gro
Sŵn ffarwél yn y sodlau lle na fu o'r bla'n
Mae'r bore ar dân

Mae rhywun yn gadael
'Di codi o'r baw
Wedi cael digon ar fyw yn y glaw
Moyn ffindo car cyflym
A theiars mawr drud
Troed ar y sbardun tan ddiwedd y dydd

Dduw mawr
Mi dynnon nhw'r eglwys lawr
Mwy o le nawr i feddau
Lle na fu o'r bla'n

Dere glou
Ma' nhw'n agor y ffordd osgoi
Band y ffatri yn chware
Ma' nhw'n canu 'Michelle'
Ma' nhw'n chwythu ffarwél

© Cyhoeddiadau Sain

GAN I FY record hir gyntaf, *Rhywbeth o'i Le*, werthu nifer anghyffredin o gopïau, daeth cais gan Sain am record arall a'r canlyniad oedd rhyddhau *Rhywun yn Gadael*. Mae'r 'ail record drafferthus' yn syndrom chwedlonol ac er bod rhai caneuon eisoes yn barod ar ei chyfer, gallaf uniaethu â'r honiad bod paratoi ail record yn medru peri anawsterau.

Gall fod sawl rheswm dros hyn, yn enwedig os mai'r canfyddiad yw bod y gyntaf fel petai wedi taro deuddeg. Yn un, mae'r disgwyliadau'n uwch a hefyd, yn aml, disgwylir cynnyrch o'r un natur a mae'n bur bosib nad dyna sydd gan yr awdur neu'r artist mewn golwg. Yn hytrach, gall fod awydd i ymbellhau oddi wrth natur ac arddull y gwaith blaenorol.

Daeth arwyddion o'r trafferthion yn fuan iawn wrth recordio yn Stiwdio Loco, y stiwdio lle recordiwyd *Rhywbeth o'i Le* a *Dwylo dros y môr*. Roedd yr un cynhyrchydd yn ei le hefyd, sef Brian Breeze, y gitarydd blŵs medrus o Abertawe. Bu'n rhaid i Brian druan oddef fy amheuon a'm hansicrwydd o ran cyfeiriad y recordiad, a bu wylofain a rhincian dannedd am gyfnod hir wrth weithio yn Loco. Y canlyniad yn y pen draw oedd dileu pob peth a recordiwyd yn ystod yr wythnos gyntaf a dechrau o'r dechrau yn deg. Ganed y record ymhen hir a hwyr ond nid heb dipyn o 'gwmpo mas'.

Er 'mod i'n canu fersiwn piano o'r trac 'Rhywun yn Gadael' mewn cyngherddau erbyn hyn, ar y gitâr y cyfansoddwyd hon yn wreiddiol. Mae tipyn o wahaniaeth yn fy meddwl i rhwng caneuon a grëwyd ar gitâr a rhai a gyfansoddwyd wrth y piano. Mae tueddiad ynddynt i fod dipyn symlach o ran eu strwythur cordiau a'u cyfeiliant, ffactor a all fod yn gaffaeliad. Mae'n bosib i hyn arwain at gyfle i'r trefniant offerynnau près anadlu tipyn mwy a mwynhau'r gofod i hwylio ynddo. Cerddor o'r enw Chris Winter sy'n gyfrifol am y trefniant hwnnw ar y trac ac yn fy nhyb i, gwnaeth waith rhagorol gan fynd i ambell gyfeiriad annisgwyl o ran rhythm ac alaw, profiad sydd bob amser yn gyffrous i awdur cân. Hynny yw, clywed dehongliad newydd a gwahanol yn y cyfeiliant i'r un a ddychmygwyd wrth gyfansoddi. Diolch i Chris am y melodïau près swynol a'u trawsacennu difyr a cherddorol.

Yn debyg i 'Nos Sul a Baglan Bay', sydd ar yr un record, mae ôl y gadael cartref a'r ymgartrefu yng Nghaerdydd ar y gân hon hefyd ac elfennau o deithio ac o fod 'ar y lôn' yn amlygu'u hunain eto. Awgryma'r olygfa agoriadol gefndir gwledig, amaethyddol sy'n perthyn i gyfnod cynharach na'm cyfnod i. Ceir sôn yma am y gwas yn rhoi 'stŵr i'r cŵn'. Roedd tirlun sain penodol mewn golwg yma. Mae bwlch yn sain y bore ond mae sŵn ffarwél yn ôl y droed ar y llwybr gro – sŵn gadael unwaith eto. Mae'r gadael hwn fel petai'n perthyn i'r freuddwyd Americanaidd; breuddwyd y car cyflym a'r teiars mawr drud a'r lôn allan o'r cynefin i gyfeiriad rhamantaidd newydd, cyffrous. Mae'n siwr bod Kerouac wedi gadael ei ôl ar hon. Erbyn rhyddhau'r record hir *Rhywun yn Gadael*, roeddwn wedi darganfod y clasur

On the Road gan Jack Kerouac, y nofel sydd â'i rhyddiaith yn llifo fel cerddoriaeth *jazz* cyfnod y Genhedlaeth Bît ac yn disgrifio taith o wrthryfel arddegol mewn perlewyg cerddorol a barddonol. Taith ar draws ehangder UDA oedd honno ar raddfa dra gwahanol i'r daith honno o Odre'r-graig i Gaerdydd ar hyd yr M4, ond mae'n ddigon posib bod arlliw o ddylanwad a syniadau rhamantaidd y nofel yn gyrru rhywfaint ar yr obsesiwn gyda'r teithio ar y lôn.

Ail hanner yr wythdegau yw cyfnod creu'r gân. Roedd llwch streic olaf y glowyr wedi gorwedd yn haen ddu dros y gwacter a adawyd gan gau'r pyllau olaf – gwacter y diffyg gwaith a gwacter yr enaid lle bu prysurdeb a gobeithion cynifer o drigolion.

Mae sawl delwedd yn fflachio wrth grybwyll Streic y Glowyr, ambell i ddelwedd yn perthyn i gartre megis y caban bach ar ben y Bont Goch, Ystalyfera. Hen gaban gwaith yn perthyn i byllau glo'r oes a fu oedd hwn, caban a fu'n wag ers degawdau a oedd yn lle braf i ni'r plant chwarae ynddo neu gysgodi rhag y glaw hwnnw a nodweddai'r cwm – y cawodydd a ddisgynnent yn garthenni di-ben-draw wrth i'r gwynt eu sgubo'n hyrddiadau rhwng y ddau fynydd. Erbyn streic yr wythdegau y picedwyr gâi loches y caban, ac yn ystod y cyfnod hwn gwelid mwg eu tân yn codi o'r simnai wneud a osodwyd yn un o lygaid gwag ei ffenestri. Bathwyd enw pwrpasol ar gyfer y cwb yn ystod y cyfnod hwn, sef Yr Alamo. Dyma hiwmor tywyll a deifiol y glöwr ar waith, ac eironi'r enw yn graddol wawrio arnom ni oll wrth iddi ddod yn amlwg mai'r 'last stand' go iawn oedd ar waith yno cyn i'r muriau ddymchwel ac i fintai Thatcher hyrddio i fewn i chwalu am byth hen frawdoliaeth dynn yr undeb.

Yn ystod haf '85 anelodd criw ohonom am y Gŵyr ar brynhawn Sadwrn heulog. Criw o gyfryngis oedden ni yn teithio mewn gosgordd ar hyd yr M4 am y gorllewin. Roeddwn innau'n drydydd yn y confoi cyfryngol o geir cyflog newydd a'r ddau o'm blaen yn geir heb doeon – cyferbyniad llwyr i'r osgordd a welwn yn gyrru tuag atom ar y lonydd eraill yn teithio tua'r dwyrain. Lorïau glo y sgabs oedd y rhain yn dychwelyd ar ôl croesi'r llinell biced i gyflenwi'r tanwydd i'r gwaith dur. Roedd rhyw arswyd mewn gweld y griliau metel ar draws eu ffenestri. Gwarchod y gwydr wnâi'r rhain rhag plediadau'r picedwyr. Cuddiai'r gyrwyr y tu ôl iddynt heb berygl i neb eu hadnabod, ond byddwn wedi hoffi gweld eu hwynebau wrth i bob aelod o'n gosgordd ninnau godi'n breichiau drwy'n toeon a'n ffenestri. Ar ben pob braich ymwthiai dau fys unionsyth yn farn ar weithred fradychus y gyrwyr. Mae gan bawb eu stori a'u cyfrifoldebau mewn bywyd ac mae'n siŵr nad oedd pob sgab yn llwyr ddi-hid ynglŷn â'i frad. Digon rhwydd hefyd i ninnau'r cyflogedig, diogel ein byd farnu, ond roedd gennym bob hawl i leisio'r farn honno.

Hoffwn feddwl i ni oll gefnogi'r streic mewn ffyrdd mwy sylweddol na hynny yn ystod y cyfnod, ond roedd eironi'r olygfa'n drawiadol. Roedd yn gas gan y glowyr y cyfryngau oherwydd y modd y darlunnid eu safiad ar y newyddion. Gwelid y teledwyr a'r heddlu fel ei gilydd yn weision y wladwriaeth a gyfunai i gynnal y gyfundrefn gyfalafol, Thatcheraidd a dymchwel yr undebau a'r weledigaeth sosialaidd yr aberthwyd cymaint drosti ar hyd y blynyddoedd. Eto, ninnau, feibion a merched y cyfryngau, oedd wrthi'n mynegi barn y diwrnod hwnnw, er mai o foethusrwydd seddi ein ceir sgleiniog a'n bywydau diofal y gwnaem hynny. Er hynny, does yr un ohonom yng Nghymru yn bell o'r pridd, y glo neu'r llechen. Anodd tynnu dyn oddi ar ei dylwyth.

Soniais am y gwacter a adawyd gyda diflaniad y gweithfeydd, diwedd proses hir ac araf y gwelwyd ei phenllanw yn yr wythdegau. Mae 'Rhywun yn Gadael' wedi'i gosod yn erbyn cefnlen y byd hwn, byd y baw a'r glaw y mae'n rhaid dianc rhagddo. Yr eglwys 'dynnon nhw... lawr' oedd Eglwys y Drindod. O ystafell flaen rhif 1, New Street, Godre'r-graig, gellid gweld Eglwys y Drindod a man gorffwys Mam-gu a Tad-cu, ac yno mae llwch fy nhad a sawl aelod arall o'r teulu. Roedd hi'n eglwys fach hardd a sain ei chloch yn canu yn rhan annatod o f'atgofion am Suliau fy mebyd a'm hieuenctid. Mae gen i lun pensil o'r eglwys a grëwyd gan Meic Jones, yr artist o Gwm Tawe, darlun a drysoraf yn fawr, yn enwedig gan i Meic nodi bedd Tad-cu a Mam-gu yn glir.

Mae band y ffatri'n canu 'Michelle' y Beatles, cân sy'n estron i'r diwylliant cynhenid, wrth chwythu ffarwél i'r unigolyn sydd am adael, ond mae'n ffarwél hefyd o safbwynt y gymdeithas leol sy'n trawsnewid os nad yn diflannu. Mae'n arwyddocaol mai band y ffatri sydd yma

Eglwys y Drindod nad oes un dim lle bu. Gwaith yr arlunydd Meic Jones.

yn hytrach na band un o'r gweithfeydd traddodiadol. Y ffatri oedd y gwaith newydd a ddaeth yn lle'r diwydiannau trwm, gwaith a gynigiai gyfleon i ferched yn enwedig. Un ffatri a ddaeth i'r cwm oedd y 'Tic Toc' enwog, ffatri oriorau a gyflogai bron i 1,500 o drigolion yr ardal. Dyma weld newid yn natur y gymdeithas wrth chwalu i raddau y strwythur arferol a herio'r ystrydeb o'r gwryw'n darparu ar gyfer y teulu trwy lafur caled. Doedd mo'r llafur yno bellach i gynnal y strwythur hwn ac i'r fenyw y disgynnodd y cyfrifoldeb gan sbaddu'r gwryw, yng ngolwg rhai. Agor y ffordd osgoi wna'r band, dathlu ei hagor gan estyn croeso i ddull hwylus o osgoi'r pentref yn llwyr a'n hannog i wibio heibio iddo i rywle arall, gwell.

Gan ei fod yn amlwg yn y gân hon, mae'r car bythol

bresennol yn haeddu cael ei grybwyll. Cystal cyfaddef fod
yna droeon trwstan lawer yn fy hanes y tu ôl i'r olwyn. Anaml
iawn yr âi fy rhieni allan i gymdeithasu gyda'i gilydd, ond
ambell dro byddai rhyw ddigwyddiad cysylltiedig â'r ysgol
lle dysgai Mam yn gwahodd presenoldeb y ddau. Ar un o'r
achlysuron hyn, cefais y cyfrifoldeb o warchod y tŷ. Dyma
gyfle prin i wahodd ffrindiau i ddod draw am y noson.
Roedd hi'n noson ysgol ac felly nid oedd hi'n rhy hwyr cyn
iddyn nhw adael am eu gwelyau yn fechgyn da.

Roedd fy nghariad ysgol, Karen, yn byw yn Ynystawe,
ryw saith milltir i'r de o Odre'r-graig. Roedd hi'n bell a'r
noson braidd yn hwyr ond roedd Mini ffyddlon fy mam yn
y stryd a'r allweddi wrth law. Dysgais yrru o oedran ifanc
iawn. Âi fy mam â mi yn y Mini o bryd i'w gilydd ar hyd hen
lôn un o'r gweithfeydd glo lleol i ardal o'r enw y Patshys.
Yno cawn eistedd ar ei harffed y tu ôl i'r olwyn ac er na
chyrhaeddai fy nhraed y sbardun, roedd hwyl i'w gael wrth
lywio a newid gêr.

Wrth yrru am Ynystawe, rwy'n cofio ar un pwynt
weld goleuadau a ymdebygai i olau heddlu yn y drych ac
yn nhraddodiad y cyfnod (*Starsky and Hutch*, a.y.y.b.),
traddodiad cwbl wrthgymdeithasol erbyn heddiw diolch i'r
drefn, troed i lawr amdani tan i'r goleuadau bach bylu'n
ddim.

I dorri stori hir yn fyr, cefais fy nal cyn dringo'r biben i
ystafell Karen a chael fy ngyrru adref gan Liz, ei mam, at
'groeso' fy rhieni oedd erbyn hynny wedi cyrraedd gartref,
tra bod modryb Karen, Menna, yn gyrru'r Mini tua thre.

Cofiaf wyneb fy mam wrth gyrraedd y tŷ yn gwmwl du o dymer ond y profiad gwaethaf un oedd wynebu cerydd fy nhad. Prin iawn y byddai'n dangos ei dymer ond pan wnâi, er na fu hynny erioed yn dreisgar, byddai'r effaith arnaf yn nodedig. Roedd hyd yn oed y ci wedi'i frawychu fel petai yntau'n teimlo'n euog am beidio fy rhwystro rhag mynd i dŷ Karen.

Erbyn clwydo y noson honno, roeddwn yn cydnabod fy nghamwedd gyda chryn gywilydd a chwarae teg, nid ynganwyd yr un gair am y digwyddiad fyth wedyn. O'm rhan i, cafodd y modur lonydd a bu'n ddiogel, o leiaf tan i mi gyrraedd fy nwy ar bymtheg oed.

Rhaid i mi gydnabod eironi bach arall sy'n nodweddu 'Rhywun yn Gadael'. Mae'r geiriau 'moyn ffindo car cyflym a theiars mawr drud' braidd yn gamarweiniol. Yn ystod cyfnod y gân hon, ces i bwl o chwennych car newydd. Wel, nid 'newydd' chwaith ond yn hytrach, hen gar. I mi, roedd cyfnod chwennych ceir cyflym wedi diflannu am byth a'r awydd bellach am fodur tra gwahanol. Fy newis oedd y Morris Traveller, car ac iddo adeiladwaith o bren ar ei gefn, a char nad oedd yn gyflym nac yn ddrud ei deiars chwaith. Am Gaerfaddon â ni i chwilio'r Morris Minor Centre am yr enghraifft berffaith o gerbyd fy mreuddwydion.

Doedd pwyso a mesur yr opsiynau o ran pris a safon ddim mor hwylus yn y dyddiau di-ryngrwyd hynny, a chefais gryn siom o weld pa mor ddrud oedd yr enghreifftiau lu ar fuarth helaeth y ganolfan. Wedi awr o chwilota a chraffu ar bob car dyma adael y garej yn benisel ac anelu at y

Volvo modern, diflas a'm cludodd yno. Wrth gyrraedd y car, denwyd fy llygad at gar sgleiniog, gwyrddlas yn gyrru tuag atom ac o graffu'n fanwl sylweddolais mai'r greal ei hun oedd yno, sef y Traveller hoff. Dyma godi llaw a gwenu ar y gyrrwr ac yntau'n aros i siarad â mi. O holi'r hen ddyn hynaws dyma ddeall mai gyrru am y garej yr oedd er mwyn gwerthu'r hen gar a drysorai ers cyhyd. Doedd e ddim am gael gwared o'r hen gar ond oherwydd fod ei wraig yn dioddef o'r gwynegon, fe'u gorfodwyd i gael cerbyd arall fyddai'n haws mynd i mewn ac allan ohono.

Gallwch ddyfalu'r hyn ddigwyddodd nesaf. Prynwyd y car yn y fan a'r lle a hynny am bris teg i'r hen ŵr ac am bris is na fyddai'r garej wedi'i fynnu gen i, a hynny nid nepell o'i mynedfa. Sgwn i a welwyd trwy lygaid cul, o swyddfa'r Morris Minor Centre gerllaw, selio'r fargen?

Trysorwyd y Morris gan yr henwr ar hyd y blynyddoedd a chyflwr y cerbyd yn dyst i'w ofal trylwyr a chariadus. Yn wir, bron na welwn ddeigryn yn ei lygad wrth iddo ffarwelio am y tro olaf â gwrthrych ei gariad tyner. Ond ni chafodd y modur yr un sylw gen i a theimlwn gywilydd yn aml wrth ddyfalu ymateb y cyn-berchennog pe gwelai, ymhen rhyw flwyddyn neu ddwy, gyflwr y Morris o dan fy ngofal i. Ymhen blynyddoedd, a minnau wedi cartrefu ar lôn goediog Wordsworth Avenue yng nghanol Caerdydd, arferai'r Morris fyw o dan orchudd pisgwydd y stryd. Yn ystod yr haf a'r *aphis* yn eu bri, roedd y car yn blastar o'r triog a ddisgynnai o'r coed. Dyma fagned i'r picwn a heidiai lluoedd ohonynt o gylch y cerbyd bob haf. Ni fu raid cloi'r car o gwbl wrth i lengoedd y gwarchodwyr pigog gadw pob tresmaswr rhag y drysau.

Gyda dyfodiad y plant, anaml iawn y cawn gyfle i yrru'r car. Ac nid âi eu mam yn agos at yr hen gerbyd. Er tegwch iddi roedd y ddau dro cyntaf iddi hi fentro iddo yn achlysuron cofiadwy. Pan yrrodd y Morris am y tro cyntaf, mi fethodd y breciau. Anghofiais sôn wrthi bod angen datod bollt ar lawr ochr y gyrrwr a thywallt ychydig o hylif breciau i'r system cyn pob taith. A'r ail dro, a minnau'n gyrru hyd yr M4 ar noson dywyll, lawog a gwyntog o aeaf, gorchuddiwyd y sgrin wynt gan dywyllwch dudew gan i'r boned godi o'i le. Mi welwch felly fod ganddi resymau digon teg dros fod yn ddrwgdybus o'r hen fodur annwyl.

Mae'r Morris gen i hyd heddiw ac wedi derbyn tipyn o sylw yn ddiweddar gan fy nghyfaill amryddawn, y sacsoffonydd, y clarinetydd a'r mecanic Ceri Beefy Rees. Y bwriad oedd ei atgyweirio, ei loywi a'i werthu ond wrth ei weld yn ei holl ogoniant, codai'r awydd am droeon hamddenol, hafaidd unwaith eto. Dyna fawredd y Morris, does byth unrhyw ymdeimlad o frys wrth ei yrru, boed wrth adael neu wrth gyrraedd. Serch hynny, mae'r awdur yn ymddangos yn aml yn fy nghaneuon. Cawn glywed mwy am hynny yn y bennod nesaf wrth i ni adael unwaith eto a chychwyn siwrnai newydd.

Nos Sul a Baglan Bay

Ychydig bach o *reggae* i leddfu'r boen
Tipyn bach o'r weddi os wyt ti moyn
Ychydig bach o rywbeth sydd wrth dy fodd
Beth bynnag sydd wrth dy fodd

Tipyn bach o'r radio a miwsig ddoe
Tro fe lan yn uchel os wyt ti moyn
Falle cawn ni wrando am donfedd rydd
Sy'n troi 'lawon *soul* nos Sul

Mae'n noson glir tros Baglan Bay
Fflam y burfa dal ynghyn
Hollti'r nos yn y drydedd lôn
Y car yn rhegi fewn i'r gwynt
A'r felan arnom ni
Nos Sul nawr yn gafael ynom ni
A dyna'r cyfan sy'
Mae'n nos Sul

Dawnsio ar y draffordd, mae'r ceir o'u co'
Llyged gwyn bwganod mewn ffars ar ffo
Heno'n hollol fodlon i deimlo'n brudd
Yn gyrru trwy *soul* nos Sul

© Cyhoeddiadau Sain

MAE'N DEBYG MAI'R arogl yw'r synnwyr mwyaf atgofus. Arogl a ddaw i'r cof gyntaf wrth feddwl am ardal Port Talbot. Minnau yn blentyn mewn cerbyd yn gweld nemor ddim o'r golygfeydd a wibiai heibio'r ffenest gan fy mod mor isel yn fy sedd. Dyna, felly, a seriwyd ar y cof. Yr arogl hwnnw a ddynodai ein bod yn teithio trwy'r Meccano cawraidd hwnnw o ddur strwythurol ffiaidd a guddiwyd yn rhannol gan y cwmwl mwg. Ysgogai'r arogl ryw chwerthin plentynnaidd bob tro ac er ei fod yn ddigon anghynnes, roedd yn nodwedd annatod o'r ardal. Yn wir, codai chwilfrydedd ynghylch pa un o'r diwydiannau lawer oedd yn gyfrifol am y drewdod – pa nwy yn union oedd y pechadur drewllyd ac ai'r niwl tocsig oedd tarddiad y ffieiddbeth, ynteu ai cuddio y tu ôl i hwnnw a wnâi'r cachgi anweledig?

Cofiaf y rhyddhad wrth adael y perarogleuon y tu ôl imi, ac mae'n bosib na chawn byth wybod y gwir ynghylch union effaith y nwyon tocsig ar boblogaeth yr ardal. Mae'n eironig i'r budreddi hwn gynrychioli lles economaidd yr ardal ac i'w ddiflaniad beri niwed i'r gymdeithas leol a ddibynnai ar y diwydiannau trymion. Wedi holi hen ewythr am ei argraff o wyrddni braf Cwm Tawe y cyfnod diweddar ar ôl i'r gweithfeydd suddo o dan ei liwiau hardd, hiraethai am yr hen gwm, am ddüwch y llethrau glo a bwrlwm y mwg a'r hwter – hiraeth am ryw gawdel cyffrous o'r drwg a'r da a gollwyd am byth a hynny'n esgor, mae'n siŵr, ar atgofion rhamantaidd.

Mae ardal Port Talbot hefyd yn graddol droi'n wyrddach ac er bod parhad y diwydiant dur yn fendith i lawer, mae'r olygfa o'r M4 yn araf droi'n goediog mewn mannau helaeth. Mae'r hen ddeuoliaeth yn dal i daro wrth i ryw hud gael ei golli gyda diflaniad yr hen dirlun metelaidd, bwystfilaidd, apocalyptaidd ei naws; tirlun a allai droi o ymdebygu i olygfa o'r ffilm *Mad Max* i un o *Star Wars* wrth i'r nos ei drawsnewid yn llong ofod arallfydol, ddifesur o ryw ddyfodol pell.

Gellid dadlau mai lleoliad rhyfedd yw Port Talbot fel testun ysbrydoliaeth ar gyfer baled dyner, ond disgrifio profiad wna'r gân; profiad penodol y foment a rannwyd gan ddau, ac o feddwl, efallai ei bod hi'n gymaint o gân i nos Sul ag ydy hi o gân serch. Mae'n perthyn i gyfnod cymharol fuan ar ôl symud i Gaerdydd, cyfnod o addasu i ddiwylliant dinas ac ar ôl bywyd cymharol ddiofal myfyriwr, i'r cysyniad o waith a hynny o fewn rhigol oriau rheolaidd. Rhaid i mi ddiolch am fod yn ddigon ffodus i gael cynnig swydd fel ymchwilydd teledu gyda HTV yn syth ar ôl fy arholiadau gradd, a mwynhau haf bendigedig yn hamddena a theithio'r Eidal ar docyn Interrail gan wybod y byddai gen i fodd i dalu dyled y mwynhad o fis Medi ymlaen.

Roedd gen i hefyd fodd arall cyfleus i dalu dyledion cyn cychwyn ar waith ffurfiol yng Nghaerdydd. Perchennog siop nwyddau chwaraeon yn Rhydaman oedd fy nhad yr adeg honno a galwai arnaf yng nghyfnodau'r Nadolig a'r haf i helpu yn y siop. Gan fod Dad yn cadw at ei systemau

Siop Don, Rhydaman.

unigryw ei hun oedd yn wybyddus iddo ef yn unig, lled
rwystredig oedd y gwaith. Roedd siop Don Chiswell Aman
Sports yn sefydliad enwog yn yr ardal a 'nhad yn adnabyddus
ers ei lencyndod fel pencampwr mewn sawl disgyblaeth, o
rygbi ac athletau i baffio, a maes o law, daeth yn ddarparwr
cyfarpar ar gyfer y campau oll. Hyd heddiw, daw unigolion
sy'n hanu o'r ardal ataf i ddatgan mai yn siop Don y cawson
nhw eu beic, eu gwialen neu eu dryll cyntaf. Yn anorfod,
daw chwerthin wedyn a hel atgofion am y siop sydd wedi
magu ei phersonoliaeth ei hunan megis un o drigolion yr
ardal.

49

Ar ddechrau'r ganrif hon, bûm yn uwch-gynhyrchydd ar ffilm o'r enw *Camgymeriad Gwych*, darn gan y cyfarwyddwr dawnus Marc Evans. Pwrpas y ffilm oedd cofnodi cyfnod o ffyniant syfrdanol ym myd canu poblogaidd Cymru, wrth i grwpiau fel Stereophonics, Manics a Catatonia ysgubo'r farchnad ryngwladol yn ogystal â'u mamwlad. Cyfarwyddwr cerdd y ffilm oedd yr enwog a'r *uber-cool* John Cale, o'r Velvet Underground gynt. Mae ganddo enw am fod yn eithaf unigolyddol, swil hyd yn oed, a chyndyn i fân siarad. Cefais y fraint o sgwrsio gydag e ym *mhremiere* y ffilm yn Llundain. Gwyddwn fod ei wreiddiau yn y Garnant, Glanaman, a dyma grybwyll bod gan fy nhad siop yn Rhydaman, Don Chiswell Aman Sports. A'r ymateb mewn acen led Americanaidd, led Gymreig oedd: 'Socks and pads, socks and pads'! Ie, yn siop Don Chiswell ar Wind Street, Rhydaman y cawsai'r John Cale ifanc ei sanau rygbi a'i bads criced. Roedd Don wedi'r cyfan mor cŵl â John.

Er na fu 'nhad erioed yn heliwr na physgotwr, daeth yn hyddysg yn hanfodion y campau hyn wrth ddarparu drylliau a chetris, gwialenni a phlu, a bûm yn dyst i sgyrsiau difyr tu hwnt ar bob pwnc dan haul wrth i bysgotwyr a helwyr ymgynnull yn y siop i drafod y byd a'r betws a'r cyfan yn iaith hyfryd Sir Gâr.

Ar shifft yn y siop yr oeddwn rhyw brynhawn heulog o haf pan ganodd y ffôn. Fy mam oedd yn galw gyda neges gan fy narpar bennaeth, Peter Elias Jones, yn gofyn i mi ei ffonio ar fyrder. Cefais wybod hefyd nad oedd Peter yn swnio'n fodlon ei fyd gan ei fod wedi clywed nad oeddwn am dderbyn y swydd gyda HTV a gynigiwyd i mi, y swydd roeddwn eisoes wedi'i derbyn yn ffurfiol trwy lythyr ac ar fin cychwyn arni'r mis Medi hwnnw.

Gwyddwn ar unwaith fod cymylau duon yn crynhoi wrth glywed llais Pete yn fy nghlust, profiad a ddaeth yn ddigon cyfarwydd yn ystod blynyddoedd cynnar ein perthynas waith wi th i mi ddysgu'n raddol sut oedd peidio ag ymddwyn fel myfyriwr gwrthryfelgar. Wedi clywed yr oedd Pete nad oeddwn am ddod i Gaerdydd i weithio yn y byd teledu wedi'r cyfan. Yn hytrach (ac ie, dyma ddaeth i'm clyw hyd y wifren y prynhawn hwnnw), yr oeddwn am briodi a symud i Jamaica i fod yn genhadwr. Er mor apelgar yw rhai elfennau o'r cysyniad erbyn heddiw, roedd yr awgrym i mi ar y pryd yn un anghredadwy os nad gorffwyll, a dyma fola-chwerthin yn y man a'r lle gan ddisgwyl i Pete ymuno yn y gân a chyfaddef y jôc. Ar ôl i'r chwerthin beidio, dim ond sŵn tawelwch oeraidd oedd i'w glywed o ben arall y lein ffôn.

Es adref o'r siop y noson honno mewn penbleth. Yn ôl Pete, roeddwn wedi datgan fy amcan wrth Eurof Williams, y cynhyrchydd radio a theledu, mewn sgwrs ffôn yr wythnos cynt. Do, bu trafod rhyngom ynghylch fy rôl yn ei opera roc, *Gwenallt*, a oedd i'w llwyfannu yn Eisteddfod Genedlaethol Abertawe a'r Cylch yr haf hwnnw, ond cyn yr alwad hon, nid oeddwn wedi siarad gydag Eurof ers tro. Felly, cysylltais ag e er mwyn dod at wraidd yr achos gan ddisgwyl y deuai datrysiad syml yn y man. Nid felly y bu gan i Eurof daeru'n lân i ni sgwrsio ac i mi sôn am fy ngyrfa, fy ngwraig a'm bywyd newydd arfaethedig yn haul y Caribî. Erbyn hyn, roeddwn i'n dechrau meddwl bod angen meddyg ar y naill neu'r llall ohonom a hynny ar fyrder.

> Fi: Pryd yn union wnaethon ni siarad, Eurof?
>
> Eurof: Tua 11 fore dydd Mercher.
>
> Fi: Ar rif Godre'r-graig, ife?
>
> Eurof: Ie.
>
> Fi: Rhyfedd, ro'n i'n gweithio 'da 'nhad drw'r wthnos ac yn teithio 'da fe bob dydd am 8.30 y bore a ddim 'nôl nes 6.30.
>
> Eurof: Oedd unrhyw un arall yn y tŷ?
>
> Fi: Dim ond Rip, y ci.
>
> Eurof: Galle fe fod wedi tipo'r ffôn drosodd?
>
> Fi: Galle o bosib, mae'n gi gweddol glyfar mewn rhai ffyrdd, ond bydde dynwarediad ohono' i yn adrodd y stori Jamaica 'ma y tu hwnt i'w allu e hyd yn oed.

Bu'n rhaid terfynu'r sgwrs a'r ddau ohonom yn crafu pen. Dyma fynd ati i bori drwy'r llyfr ffôn ac ar ôl hir chwilio, dyma ddod ar draws union rif ein cartref ni yng Ngodre'r-graig ond ei fod yn perthyn i gyfnewidfa wahanol; yr un gyfnewidfa â chartref Eurof, sef Pontardawe yn hytrach na'n Glantawe ni. A'r enw oedd ynghlwm wrth y rhif? Y Parch. H. Mossford. Dyma siarad â'r Parchedig ac meddai fel hyn:

> Do, wnaeth rhywun ffonio am sgwrs ddryslyd ynglŷn â rhyw sioe gerdd, ond esbonies i na fydden i yn Eisteddfod Abertawe o gwbl gan 'mod i'n priodi ac yn mudo i Jamaica ar neges genhadol.

Am ryddhad! Doedd dim angen y meddyg wedi'r cyfan ond er cyfleu'r hanes i Pete, roedd yn parhau i amau'r stori. Er trefnu iddo siarad gyda'r Parchedig Huw Mossford, ni fu Pete erioed yn gyfan gwbl fodlon â'r esboniad ac er i ni ddod yn dipyn o ffrindiau, aeth amser heibio cyn i'r ddrwgdybiaeth gilio'n llwyr, os yn wir y diflannodd o gwbl!

I Pete mae'r diolch am y sbardun cychwynnol hwnnw trwy gynnig swydd ymchwilydd i mi yn yr wythdegau. Cefais gyfle i gael hyfforddiant fel cyfarwyddwr a chynhyrchydd a chwrdd â phobl ddifyr a da wrth gynhyrchu cyfresi fel *Torri Gwynt* gyda Dewi Pws, *Teulu'r Mans* gydag Emyr Wyn a *Pobl y Chyff* gyda Rhys Ifans a Meirion Davies. Gwelais eisteddfodau cenedlaethol lu drwy sbectol dywyll a herfeiddiol rhaglenni'r *Swigs*, sef cyfresi hwyr y nos a adlewyrchai fywyd ifanc ac ymylol yr ŵyl. Roedd hi'n fraint derbyn gwobr BAFTA am Gyfraniad i Adloniant – gwobr yr ydw i'n falch o'i chyflwyno i dîm cyfan *Swig o Bacardi* Eisteddfod Ceredigion 1992.

Wrth sôn uchod am 'fy ewythr cyfoethog' Dewi Pws ac Aberystwyth yn yr un gwynt, daw hanesyn bach i gof am fy ymwneud cynnar gyda Dewi. Roeddwn ar sbri yn Aber yn nyddiau cynnar yr wythdegau a minnau wedi gadael criw bywiog y dafarn i gael tamaid i'w gnoi mewn bwyty Tsieinïaidd ar y prom. Wna i hepgor y manylion pitw ond i grynhoi, aeth hi'n anghydfod rhwng perchnogion y bwyty a minnau parthed y bil yn sgil safon y bwyd. Yn fras, doeddwn i ddim am dalu'r pris llawn. Ymhen hir a hwyr, galwyd yr heddlu ac wrth negydu ar draws y bwrdd gyda dau gwnstabl synhwyrais drydydd ffigwr yn dynesu. Yno safai ficer mewn coler gron a ddywedai trwy'i ddannedd ymwthiol, amlwg y gallai fod yn dyst i'm cymeriad dilychwin. Gadewais y bwyty gyda'r ficer heb orfod cyfiawnhau fy safiad i'r heddweision na staff y bwyty. Dewi Pws oedd y ficer hwnnw wrth gwrs, a deuthum i sylweddoli yn y man ei fod yn gwisgo cwdyn lledr i ble bynnag yr âi, a hwnnw'n cynnwys trugareddau amrywiol megis dannedd digri, chwisl dun a choler wen. Mae fy niolch yn fawr iddo am yr achlysur hwnnw ac am bob munud arall a dreuliais yn ei gwmni hoff a thu hwnt o ddireidus.

Cân sy'n pontio'n llythrennol rhwng Cwm Tawe a'r bywyd newydd hwnnw a ddaeth i fod yng Nghaerdydd yw 'Nos Sul a Baglan Bay'. Disgrifia daith mewn cerbyd, sefyllfa sy'n nodweddu llawer o'm caneuon.

Mae'n siŵr bod llawer ohonom yn dueddol o fyfyrio wrth deithio, boed mewn cerbyd neu ar drên, a llanw a thrai syniadau yn rhydd i fynd a dod a ninnau rhwng dau le. I mi, mae'n siŵr bod rhai o'r myfyrdodau hyn yn aros ac yn gadael eu hôl o leiaf, gan ddod i'r golwg eto mewn caneuon eraill. Does dim gwadu dylanwad y daith ar y gwaith, fel sydd i'w weld yn 'Gadael Abertawe', 'Mwy nag Angel' a 'Rhywun yn Gadael'.

Cân a gyfansoddwyd yn bwrpasol ar gyfer yr ail record hir, *Rhywun yn Gadael*, yw 'Nos Sul a Baglan Bay'. Does dim dal sut y caiff cân ei geni – bydd rhai yn dod i'r byd trwy ddatblygu alaw eu cytgan wrth y piano, rhai gyda chwpled neu bennill wrth deithio neu hamddena. Mae tarddiad 'Nos Sul a Baglan Bay' yn ei rhagarweiniad cerddorol a ddaeth wrth i mi ddilyn fy nhrwyn ryw noson ar hyd yr allweddell, a'r gweddill yn llifo o'r fan honno dros y dyddiau canlynol. Mae'r gân yn ddigon syml o ran patrwm ABC, ABCD, sef rhagarweiniad, pennill, cytgan ddwywaith a diweddglo i'w chwblhau, ond rwy'n cofio cwestiynu ar y pryd a oedd y cyfeiliant braidd yn gymhleth neu'n rhy 'brysur' a meddwl efallai y byddai symleiddio'r cyfan yn cryfhau'r gân. Ar y maniwsgript gwreiddiol, nodais ar ben y ddalen, 'rhy gymhleth?'. Pan aethom i'r stiwdio i'w recordio ar gyfer yr albwm, dyma ddangos y daflen wreiddiol i'r cynhyrchydd ac ambell aelod o'r band yn cymryd mai dyna deitl y gân. Am gryn amser, fel 'Rhy gymhleth?' y cyfeiriwyd at 'Nos Sul a Baglan Bay'.

Er bod iddi elfen o'r gân serch, mae'n llawn cymaint o gân am y felan sy'n tarddu o'r teimlad o ddieithrio a hynny, yn allweddol, ar achlysur 'y Sul', y cyflwr hwnnw sydd mor nodweddiadol o'r profiad Cymreig – hynny yw, y rhinwedd arbennig hwnnw sydd mewn dydd Sul i ni'r Cymry. Boed ni'n Gristnogion neu beidio, dyw'r fagwraeth Gristnogol ddim yn bell o'r wyneb. 'Easy Like Sunday Morning' oedd cân y Commodores yn ôl yn y saithdegau ac er bod rhyw naws a hud arbennig i'r gân honno, i mi y gwrthwyneb yw naws y Sul a rhyw fenthyg awyrgylch y Commodores a wnaf wrth wrando. Teimlad a etifeddwyd o blentyndod mae'n siŵr yw naws y Sul i mi; teimlad ac elfen gynhenid o'r felan yn perthyn iddo. Rhyw bwysau ychwanegol na theimlir mohono ar yr un diwrnod arall o'r wythnos.

Ar ben hyn ac fel y crybwyllais, mae'r gân i mi yn cyfleu'r cysyniad o ddieithrio oddi wrth gynefin. Mae dieithrio daearyddol o ran symud cartref yn un peth ond peth gwahanol eto yw'r teimlad o ddieithrio'n ysbrydol; yn fy achos innau, wrth i grafangau'r ddinas ddechrau gafael go iawn. Mae geiriau Rhydwen Williams yn dod i'r cof: 'I ble'r ei di, fab y fföedigaeth, a'th gar salŵn yn hymian ar y rhiw a lludded yn dy lygaid?' Tynnir y dyn oddi ar ei dylwyth a'i gynefin.

Un o gyfeillion bore oes y gerddorfa, Andrew George, sy'n gyfrifol am chwythu'r alaw drwmped sy'n cloi'r gân. Ro'n i'n awyddus i gael sŵn trwmped ar y trac gan feddwl bod ei sain yn cyfleu'r felan. Mae rhyw arlliw o Miles Davies yno hefyd, mae'n siŵr. Mae Andrew a'i drwmped i'w clywed ar lawer iawn o'm recordiadau, fel rhan o'r seindorf ond hefyd fel unawdydd ar drwmped picolo yn y gân 'Rhywbeth o'i Le'. Roedd y cylch cerddorfaol yn gyflawn rhywsut pan gefais y fraint a'r wefr ar droad y ganrif o ganu'r gân i gyfeiliant cerddorfa lawn, wych y BBC a hynny yn Neuadd y Brangwyn, Abertawe, lle bûm unwaith ar y llwyfan fel ffidlwr yng nghyngherddau cerddorfa'r sir a'r ysgol.

Wrth grybwyll cyngherddau'r ysgol yn y Brangwyn, saif un achlysur yn flaenllaw yn y cof. Bu cerddorfa'r ysgol yn ymarfer ers tro ar gyfer cyngerdd blynyddol y Brangwyn, achlysur poblogaidd bob tro a'r neuadd fawr, urddasol â'i murluniau coeth o dan ei sang o rieni a chydnabod. Golygai gryn bwysau ar athrawon yr adran gerdd, côr mawr yr ysgol a'r gerddorfa. Ymfalchïai'r ysgol yn ei thraddodiad cerddorol yn y cyfnod hwn, traddodiad a fyddai'n ennyn cenfigen o bob cwr o Gymru pan ddeuai Eisteddfod yr Urdd. Wrth i'r dyddiad ddynesu a'r ymarferion yn yr ysgol yn fwy mynych, roedd popeth o dan reolaeth a sain ddigon derbyniol yn dod ar yr Handel, y Bach a'r Vivaldi; tan ddaeth y datganiad gan bennaeth yr adran, yr annwyl ddiweddar Hilton Richards, bod gorchymyn wedi dod oddi fry a bod gofyn i ni gydganu, yn ogystal â 'Hen Wlad fy nhadau', yr anthem arall honno, 'God Save the Queen'.

Roedd y mwyaf di-hid yn ein plith yn anesmwyth ynglŷn â'r fath syniad a phan ddaeth y neges bod y gerddorfa gyfan i godi ar ei thraed er mwyn chwarae roedd hi'n gyfystyr â *jihad* – penboethiaid yn bytheirio a thynnu'u gwallt, eraill mwy trefnus yn casglu enwau ar gyfer deiseb. Ond roedd Marc Jones, y polymath â dawn arbennig wrth chwarae'r tiwba, yn gwylio'n dawel o'r gornel a golau yn ei lygad.

'Gadewch y cyfan i fi' oedd y neges enigmatig lawn darogan. Gwyddwn ar unwaith nad geiriau gwag, diystyr oedd y rhain. Roeddwn yn adnabod Marc yn ddigon da i wybod bod y strategaeth gywir yn glir yn ei ben. Mynnodd Marc ein bod ni'n cydymffurfio â chais brenhinol, swyddogol yr ysgol ac yn ymddwyn fel pe baem yn frenhinwyr i'r carn, yn ufudd a thaeog. Ces i'r fraint o gael cipolwg ar ei gynlluniau cain a gofalus cyn y noson fawr ac roedd peidio â gollwng y gath o'r cwd i gyfeillion eraill yn dipyn o her, ond rhaid wrth ddisgyblaeth.

Mae'n bleser rhannu'r hanes bellach. Roedd Marc wedi cyfansoddi darn tiwba pwrpasol ar gyfer y Cwîn, darn y gallai hithau ei hun ymfalchïo ynddo, yn enwedig o ystyried y llafur caled a'r dychymyg a'i ôl yn amlwg ar y sgôr. Gwaith modern ac arloesol ydoedd a byddai'r tiwba ar y noson yn chwarae mewn cyweirnod hanner tôn yn uwch na gweddill y gerddorfa ac yn llawn dylanwadau cerddorol amrywiol a fyddai'n siŵr o roi bywyd newydd i'r darn cyfarwydd, diflas a diddychymyg hwnnw, 'God Save the Queen'. Mae Neuadd y Brangwyn, Abertawe ar siâp petryal a chanddi enw fel neuadd gyngerdd sy'n amlygu sain yr offerynnau isel eu nodiant – yn enwedig efallai yr offeryn pres hwnnw sydd â'i gorn yn anelu tuag at y nenfwd. Byddai nodau'r tiwba yn siŵr o deyrnasu dros bob offeryn arall. Gwerthfawrogwyd yr Handel, y Bach a'r Vivaldi yn fawr gan y gynulleidfa dwymgalon, ddagreuol o rieni a pherthnasau balch. Wedyn daeth awr yr anthem anfarwol. Edrychai Hilton Richards yn hynod o smart a thrwsiadus yn y *tuxedo* gwyn ac ymatebodd y gerddorfa i glec ei faton ar y sgôr o'i flaen gan godi fel un dyn.

Seiniwyd cymal cyntaf y Cwîn gydag arddeliad ac efallai hyd yn oed ryw fymryn o dynerwch mynegiant, cyn i'r tiwba gorchestol ymuno yn y gân. Ar don o gyfeiriadaeth glasurol yn null y cyfansoddwyr mawr sy'n adlewyrchu eu traddodiad gwerin yn eu cyfansoddiadau trymaf, trochwyd y gynulleidfa mewn melodïau cyfarwydd soniarus (os hanner tôn yn uwch na phawb arall). Yn hwylio ar awyrgylch wresog y noson daeth i'r glust glasuron anfarwol fel 'Old

MacDonald', 'Hen Feic Peniffardding' a 'Maybe it's because I'm a Londoner'.

Does gen i ddim cof o f'ymateb fy hun yn rhes flaen y ffidlwyr, p'un ai gwenu wnes i ai peidio, ond ro'n i'n ddigon agos at Mr Richards i werthfawrogi cochni dwfn ei wynepryd yn pylsio uwch purdeb y *tuxedo* gwyn. Beth bynnag, yn gadarn yng nghefn y gerddorfa ac yn uwch na Bach a'r bois, tiwba Marc Jones oedd seren y noson. Diolch, Marc. Chwith ar dy ôl.

Roedd hefyd chwith ar ôl cyfeillion annwyl eraill a ddioddefodd yr un dynged â Marc yn dilyn cyfnod o salwch meddwl a'u gyrrodd i ddyfnderoedd dudew nad oedd dychwelyd o'u düwch. Bu Geraint George yn gyfaill bore oes a gollasom yn ddirybudd i'r ysglyfaeth hwn. Cyfaill arall o'r Cwm oedd Mihangel ap Dafydd, bachgen cydnerth a chwaraewr rygbi eofn a syrthiodd o dan bwysau'r anhwylder ciaidd. Roedd yr awdures Angharad Jones yn ffrind hoff ac agos a gollodd y frwydr yn rhy fuan o lawer. Daw'r pedwar i'r meddwl yn fynych. Mae'r felltith hon yn ddidostur. Boed i ni oll gofio hyn a bod ar ein gwyliadwraeth rhag colli ceraint yn ofer.

Mae tipyn o holi wedi bod dros y blynyddoedd ynglŷn â fersiynau Saesneg o'm caneuon ac, am ryw reswm, mae llawer iawn yn holi'n benodol am 'Nos Sul a Baglan Bay'. Sgwn i ai'r defnydd pwrpasol o'r enw Baglan Bay yn hytrach na Bae Baglan sy'n ysgogi'r ymholiadau? Mae'n ddewis pwrpasol nad yw'n dibynnu nac yn dylanwadu ar unrhyw odl. Baglan Bay sy'n fwyaf cyfarwydd yn lleol fel enw ar yr ardal a chan ei bod hi'n gân sy'n deillio o brofiad personol, dyna ddaeth i'm genau gyntaf wrth lunio'r gân a dyna gofnodwyd wrth recordio. Mawredd yr iaith Saesneg yw ei gallu ar hyd y canrifoedd i ddwyn oddi ar ieithoedd eraill ac amsugno'u geirfa. Hen enw Cymraeg am ffon fagl yw 'baglan' ac os caiff y Saesneg fenthyg 'baglan', does bosib y cawn ninnau fenthyg 'bay' am dipyn os yw'n plesio!

Does gen i'r un gwrthwynebiad personol i'r cysyniad o Gymry'n canu yn Saesneg neu'n ddwyieithog. Ces fy magu i siarad y ddwy iaith fel ei gilydd gan fyw mewn cymdeithas hanner a hanner yn ystod cyfnod cynnar fy mywyd, ac fel llawer iawn ohonom rwy'n troi heb feddwl o un iaith i'r llall yn ôl y gofyn. Ond y Gymraeg yw iaith fy enaid. Trwy gyfrwng y Gymraeg ar y cyfan y bydda i'n mynegi profiadau personol ac agos bywyd, efallai gan mai yn y Gymraeg y bu i mi eu profi yn y man cyntaf. Gwn o brofiad fod rhai caneuon yn cael eu geni yn y Saesneg ond mae eu natur nhw'n wahanol rhywsut a'r dylanwadau arnyn nhw, yn eiriol a cherddorol, yn creu naws amgen.

Rwyf wedi mynd ati i gyfieithu nifer o'm caneuon ond heb eu recordio. Dyw hynny ddim yn teimlo'n iawn rhywsut ond ni fyddai gen i'r un gwrthwynebiad i rywun arall gael tro arni rywdro. Pwy a ŵyr, efallai'r af ati ryw Sul neu'i gilydd. Eto, efallai ddim.

Cân Joe

P'nawn da Joe
Daw'r cyfarchiad brysiog wrth fynd heibio
Neb yn aros i sgwrsio
Tro dy ben
Dim ond rhith yw'r holl ddarlunie llawen
I'r gwynt aeth gobeithion y bachgen

Y dyrfa yn bloeddio
Y coese'n gwanhau
Un ergyd arall
Ma'r llygad yn cau
Taran y dyrne
Ma' nhw'n torri'n ddi-baid

Mwy, mwy, mwy
Yw bloedd y dyrfa
Gwaed, gwaed, gwaed
Mae'r crio'n hyrddio
Mwy, mwy, mwy
Does dim mwy i roi

Nos da Joe
Wyt ti'n clywed, o dywed wyt ti'n hidio
Ma'n rhyfedd sut ma' dynion yn cofio
Cofio'r tro
Llunie pell, ma' nhw'n dal i daro
Melyster y cofio'n eu puro

© Cyhoeddiadau Sain

Y CWESTIWN A ddaw yn aml mewn ymateb i'r gân hon yw 'Pwy oedd Joe?' Yr ateb syml yw mai pob paffiwr yw Joe. Mae'n enw sydd rhywsut yn ymgorffori'r bocsiwr clasurol. Efallai oherwydd bod cynifer o bencampwyr nodedig wedi dwyn yr enw – Joe Louis, Joe Erskine, Joe Walcott, Joe Gans, Joe Giardello, Joe Bugner, Joe Frazier, heb anghofio ein Joe Calzaghe ni wrth gwrs. Côr o Joes mewn menig.

Er bod elfen ddigon rhamantus i'r gân, darlun digon tywyll sydd ynddi a rhybudd am beryglon y gêm ddidostur hon. Nid yn unig am y rhesymau corfforol amlwg y mae hon yn gamp mor arw, ond hefyd oherwydd fod buddiannau'r paffiwr fel unigolyn yn y fantol. Gall yr unigolyn hwnnw, neu honno, fod yn ffynhonnell ariannol sylweddol i rywun neu'i gilydd a gall hynny arwain at beryglon pan fo'r sawl sydd am elwa am wneud hynny ar draul y paffiwr. Mae hanes yn profi hyn, fel yn achos nodedig Joe Louis, o bosib y paffiwr gorau a fu erioed. Amddifadwyd Joe o'i haeddiant gan ddynion busnes a honnai eu bod yn gwarchod ei fuddiannau ac er dod yn bencampwr y byd rhwng 1937 a 1949, diweddodd ei yrfa mewn dyled a bu'n rhaid iddo ddibynnu ar garedigrwydd cyfeillion ac edmygwyr hyd ddiwedd ei oes. Er ei fod mewn maes cwbl wahanol, tebyg iawn oedd profiad Leonard Cohen o ran dichell rheolwyr. Er mwyn talu ei ddyledion a chynnal ei hun o ganlyniad i dwyll rheolwr bu'n rhaid i Cohen droi at y lôn ac yntau yn ei saithdegau. Mae'r byd cerddoriaeth hefyd yn un digon garw ar brydiau ond does gan yr hen baffiwr druan yr un man i droi am waredigaeth.

Yn fy nychymyg, unigolyn tipyn llai ffodus na Joe Louis hyd yn oed yw Joe y gân. Ni phrofodd erioed y fath lwyddiannau â Joe Louis, na chlywed bloedd degau o filoedd wrth iddo lorio'r cawr o Almaenwr, Max Schmeling, i gipio'r bencampwriaeth gan wyrdroi agweddau'r byd tuag at athletwyr du eu croen. Mae Joe y gân yn hytrach yn gymeriad unig a cholledig sy'n troi yng nghymdeithas ei atgofion annelwig ei hun i gyfeiliant bonllefain rhyw dorf ddychmygol.

Cymeriad sy'n perthyn i'r gorffennol ydyw bellach. Mae llai o baffwyr mewn cymdeithas nag a fu wrth i gampau eraill ddod i deyrnasu ym myd busnes a hapchwarae. Ac eto, does dim prinder cymeriadau fel Joe ar grwydr hyd heddiw; os rhywbeth gallwn fentro wrth ysgrifennu hyn o eiriau bod cynnydd sylweddol diweddar yn yr eneidiau colledig sydd i'w gweld ar ein strydoedd.

Bron nad oes cymaint o chwilfrydedd ynghylch y ffaith 'mod i wedi paffio ag sydd ynghylch fy nghaneuon. Mae'n beth anghyffredin i fachgen dosbarth canol, capelgar fod wedi'i wneud, mae'n siŵr. Chwilfrydedd yn anad dim a'm gyrrodd innau i baffio yn y man cyntaf ac rwy'n trysori'r profiadau a'r gymdeithas a brofais drwy'r gamp.

Roedd fy nhad yn baffiwr proffesiynol – er, ddywedech chi fyth o edrych ar ei drwyn syth nac o ddod i adnabod ei gymeriad hynod addfwyn. A dweud y gwir, rwy'n gwneud cam â bocswyr wrth ddweud hynny. Fy rhagfarn i sy'n arwain at gasgliad mor ysgubol am garfan mor eang o bobl. Dyw'r paffiwr addfwyn ddim yn ŵr dieithr i mi o gwbl a thrwy'r gamp cefais gwmni anrhydeddus, gwâr a theg. Roedd fy nhad yn un enghraifft ymhlith llawer.

Ymyrrodd y rhyfel â gyrfa fy nhad ac er ei fod yn bencampwr y Combined Services tra oedd yn gwasanaethu, ni phaffiodd lawer wedi diwedd y rhyfel. Mae gen i gof plentyn o gerdyn Nadolig yn cyrraedd y tŷ gan Howard Winstone, y pencampwr byd ei hun, a chofiaf feddwl: 'Rhaid bo' 'nhad yn baffiwr gweddol 'te.'

Mae'n deg dweud ei fod yn amryddawn ym maes chwaraeon yn gyffredinol a gwerth crybwyll erthygl bapur newydd y bu i mi ei ddarganfod yn y tŷ yn gymharol ddiweddar. 'CHISWELL AND JAMES SHINE' yw pennawd yr adroddiad ar gêm rygbi a chwaraewyd yn fuan wedi'r rhyfel rhwng tîm y Combined Services a thîm Cymru, a hynny ar faes cenedlaethol Parc yr Arfau. Mae cyfeiriad ynddo at gais gan fy nhad – y James a enwir yn y pennawd yw Carwyn!

Roedd fy nhad wrth ei fodd ar unrhyw faes chwarae a'i ddewis o alwedigaeth fel perchennog siop nwyddau chwaraeon yn gwbl briodol, yn enwedig o ystyried mai yn Rhydaman, ei fro enedigol, y sefydlodd ei fusnes. Trwy ei waith cafodd ddilyn ei diddordebau a chadw cysylltiad agos â theulu a hen gyfeillion ei gynefin ar ôl mudo'r fath bellter i Gwm Tawe at fy mam!

Llun hyrwyddo fy nhad fel paffiwr.

Ychydig iawn o'i brofiadau wrth baffio a rannai, ond erys ambell lun a nifer o gwpanau a medalau mewn cypyrddau tywyll ac yng nghefn dreiriau ar hyd y tŷ hyd heddiw. Braf yw rhyfeddu atynt ac yntau mor gyndyn i sôn am ei lwyddiannau.

Flynyddoedd yn ôl cefais hanesyn gan gydnabod am ymweliad y ffair deithiol leol, pan oedd Dad yn bymtheg oed. Bryd hynny, roedd yn arferol gweld 'blwch paffio' mewn ffair a chyfle i'r cyhoedd herio paffwyr teithiol yn y gobaith o ennill gwobr ariannol. Tila iawn oedd gobeithion meidrolion y dorf yn erbyn bocswyr garw a phrofiadol y ffair, ond mae'n debyg i 'nhad yn bymtheg oed gamu i'r cylch ac ennill. Bron na alla i weld gwên lydan y glaslanc wrth bocedu ei wobr.

Er nad oeddwn mor brofiadol â 'nhad yn y gamp, rwy'n cofio ymdeimlad o draddodiad yn parhau flynyddoedd yn ddiweddarach pan fûm yn ymarfer mewn campfa baffio yn Rhydaman. Roedd y cwt ymarfer ar gae 'Rec' y dref, sef lleoliad y ffair flynyddol. Roedd hi'n arfer i fechgyn y ffair alw yn y gampfa pe gwelent olau yno. I fewn â nhw yn llawn brwdfrydedd ac egni. Doedd dim dillad ymarfer yn cael eu gwisgo, dim ond tynnu crys, cynhesu rhywfaint ar gwdyn taro ac i fewn i'r sgwâr. Gwefr ac iddi adlais o ddyddiau 'nhad oedd camu rhwng y rhaffau ar yr achlysuron hynny.

Roedd cyfnod fy llencyndod yn oes aur i'r paffwyr; y saithdegau yn gyfnod y trymion – Ali, Frazier, Foreman a Norton, ac yna'r wythdegau – y pwysau canol a Sugar Ray, Durán, Hearns a Hagler. Er i 'nhad honni mai'r gorau welodd e erioed oedd Joe Louis, The Brown Bomber, paffwyr fy nghyfnod i oedd yn rhagori i mi ac erys y cof am gyffro'r gornestau safonol, y cymeriadau lliwgar ac arddull nodedig pob unigolyn. Braidd yn unffurf yw'r dechneg heddiw ar y cyfan, er nad oes gwadu safonau ffitrwydd a medr technegol y paffwyr.

Bu gwneud elw yn ganolog i'r gêm broffesiynol erioed ond mae'n ffactor sydd wedi cynyddu'n raddol wrth i amser fynd yn ei flaen. Hyd yn oed yn yr wythdegau, cofiaf fy nhad yn gresynu at agweddau treisgar y gamp fodern, yn enwedig yr arfer o annog paffiwr lluddedig yn ei gornel rhwng rowndiau ac yntau yn aml heb y nerth na'r ewyllys i barhau. Dyma'r peryglon o bosib pan aiff trachwant yn drech na'r gamp ei hun. Mae'r ddamcaniaeth wrthgyfalafol hon yn dwyn i'r meddwl baffwyr Ciwba yn yr oes fodern. Mae traddodiad hir ac anrhydeddus o gynhyrchu paffwyr medrus iawn yn y wlad honno ond dan y gyfundrefn gomiwnyddol, traddodiad amatur pur ydyw, er gwaetha'r ffaith fod yno doreth o baffwyr o'r radd flaenaf. Mae'r ddelwedd sydd gen i o'r paffiwr o Giwba yn un o urddas a chwarae teg ac o unigolyn sy'n ymhyfrydu yn ei gamp ac yn ymroi dan wenu. Rhaid cyfaddef fod gen i dueddiad i ramantu am y pwnc ac mae'n siŵr nad oedd y gyfundrefn yng Nghiwba'n ddilychwin chwaith, ond mae hanes y paffiwr Teófilo Stevenson yn tanio'r dychymyg. I mi, roedd Teófilo yn ymgorfforiad o'r gorau o'r traddodiad amatur. Ymdebygai i Muhammad Ali o ran pryd a gwedd, ac er nad oedd ei gymeriad mor ymwthiol, roedd ganddo ryw ddeallusrwydd tawel a natur ddiymhongar. 22 o ornestau yn unig a gollodd yn ystod ei yrfa, cyfanswm pitw o ystyried ei 302 o fuddugoliaethau! Fy hoff hanesyn amdano yw'r un am y cynnig a gafodd gan hyrwyddwyr UDA o $5 miliwn i wynebu'r pencampwr byd ar y pryd, neb llai na Muhammad Ali. Gwrthododd Teófilo y cynnig gyda'r geiriau: 'Beth yw miliwn o ddoleri o gymharu â chariad wyth miliwn o Giwbawyr?'

Mae'n rhyfeddol nad oedd mam Teófilo yn ymwybodol am flynyddoedd lawer fod ei mab yn bocsio, a bu'n rhaid i'w gŵr dorri'r garw iddi wedi i'w mab ddod yn eicon cenedl. Bu'n rhaid i 'nhad a minnau maes o law guddio'n cyfarpar paffio rhag ein mamau ninnau hefyd ac er nad oedd fy nhad yn awyddus i mi baffio chwaith, roedd yn ddigon parod i ddysgu elfennau'r gamp i mi. Cefais bâr o fenig paffio yn ifanc iawn a bu yntau ar ei bengliniau o flaen y tân yn yr ystafell fyw yn New Street yn dangos i mi sut oedd sefyll, taro ac amddiffyn. Mae rhwystredigaeth bur y sesiynau hynny'n codi ynof nawr wrth i mi gofio mor amhosib oedd i mi fel plentyn ddod yn agos at dreiddio heibio amddiffyn celfydd a diymdrech fy nhad, waeth pa mor daer fy ymdrechion i'w daro – ar wahân i un achlysur pan ganodd cloch Big Ben i ddynodi penawdau'r newyddion a rhyw stori ynglŷn â Fietnam os cofia i'n iawn yn dod o gyfeiriad y teledu bach du a gwyn. Mae'n rhaid fod y pennawd yn un digon arwyddocaol i dynnu sylw fy nhad a pheri i'w amddiffyn haearnaidd feddalu rhywfaint. Rhag fy nghywilydd, roedd fy rhwystredigaeth chwyslyd arferol yn drech na mi a dyma weld fy nghyfle ac anelu fy ergyd orau at ei ên wrth iddo ddal i droi er mwyn canolbwyntio ar y sgrin fach. Clec o ryddhad i mi ond sioc i 'nhad. Diolch i'r drefn, doedd dim digon o nerth yn fy aelodau yn blentyn i adael ôl a 'nhad yn gweld ochr ddoniol y weithred ac yn ffugio 'KO' ar lawr yr ystafell fyw.

Rhaid cyfaddef fy mod i'n euog ar brydiau o amddiffyn y gamp gan geisio'i pharchuso a'i chysylltu â chwilfrydedd deallusol. Er enghraifft, rwy'n cofio cais ddaeth i ni blant Capel Pant-teg i roi cyflwyniad ar y testun 'Arwr'. Fy newis i oedd Martin Luther King ac yn ystod fy ymchwil i fywyd y cawr, mi ddaeth yn arwr go iawn i mi ac yn ddigon naturiol, mae'r edmygedd wedi para hyd heddiw. Roedd Cassius Clay, y gŵr a drawsnewidiodd mewn proses a ymdebygai i fetamorffosis, bron, i'r pilipala Muhammad Ali, eisoes yn arwr. Pan sylweddolais ei fod yntau hefyd yn frwd dros iawnderau dynol a hawliau ei bobl ac yn gyfaill i Malcolm X, mentor Martin Luther King, roedd y darlun arwrol yn gyflawn. Mae Ali yn un o'm harwyr pennaf o hyd yn ei holl ddeuoliaethau difyr.

Cryn syndod i mi oedd canfod bod un o'm harwyr ym myd llên Cymru hefyd yn baffiwr yn ei ddydd. Yn fy arddegau, gwirionais ar straeon byrion D. J. Williams a rhyfeddu at eu cynildeb a'u hieithwedd. Wrth ddarllen beirniadaeth ar un o'r straeon a ddisgrifiai'r paffiwr lleol nodedig, Colbo Jones, dyma ddeall bod D. J. nid yn unig wedi gwneud safiad eithafol clodwiw ym Mhenyberth tros ei egwyddorion fel heddychwr a chenedlaetholwr, ond ei fod yn ogystal wedi camu rhwng y rhaffau. Wel, am arwr o'r iawn ryw!

Crybwyllais eisoes na wyddai Mam fy mod i'n bocsio a gwrthodai Dad roi caniatâd i mi baffio yn lleol. Gan nad oedd llawer yn dwyn yr enw Chiswell yn ardal Abertawe a greddfau ditectif fy mam yn ddigon effro ar bob achlysur, bu'n rhaid i mi fodloni ar y sbario yn unig.

Roedd hi'n stori wahanol ym 1982 pan symudais ar ôl graddio i Gaerdydd i weithio. Cawn ryddid i archwilio'r gamp ymhellach ac un o'r pethau cymdeithasol cyntaf a wnes ar ôl ymgartrefu yn y ddinas oedd ymuno â chlwb paffio Splott Adventure. Roeddwn yn ymwybodol o'r chwedloniaeth a fodolai o gylch enw'r ardal honno o Gaerdydd ac mae rhyw arlliw drwgenwog o'i chwmpas o hyd. Daeth Splott i ymdebygu'n fwy i wir ystyr ei henw rhyfedd, sef God's Plot!

Er mor newydd a chyffrous oedd diwrnod o waith ym myd prysur, ond ar brydiau ysgafala, y byd teledu, yn naturiol, trown o fewn diwylliant o dwf tebyg i mi fy hun: casgliad o bobl ifanc frwdfrydig, nifer ohonom yn raddedigion yn ymgartrefu yn y ddinas ar ôl gadael cartref am y tro cyntaf. Cymdeithas gwbl wahanol oedd cymdeithas Splott Adventure ABC. Cefais yno falm i fyd a chroeso diffwdan ond cynnes ymhlith casgliad brith o bobl Caerdydd go iawn – rhai oedd yn ffrwyth hen deuluoedd sefydledig ardal Splott, yn bobl ddigon garw ar brydiau ond yn garedig a hwyliog hefyd.

O dderbyn swydd gyda HTV, roedd angen llety yn y

ddinas a bûm yn ddigon ffodus i glywed am ystafell mewn tŷ cydnabod sef Huw Jenkins. Ymunodd Huw â mi yn fy sesiwn ymarfer gyntaf yn Splott. Wrth i Huw, yr athro ifanc, barcio'i Morris Minor glas y tu allan i'r cwt llwm yr olwg, roedd sesiwn yr adran iau yn dod i ben a llif o blant yn tywallt yn fyrlymus trwy ddrws y gampfa. Ar flaen y gad roedd bachgen direidus yr olwg a'i wallt wedi'i gneifio i'r byw a chanddo berlen biws-ddu, loyw o lygad chwith. Gwelwodd Huw gydag ebychiad na alla i ei fynegi mewn geiriau. I mewn yr aethom a chael croeso twymgalon gan yr hyfforddwyr Harry Carroll, Mr Franks a'r paffwyr oedd eisoes yn cynhesu wrth neidio'u rhaffau'n gelfydd.

Ymhlith y paffwyr roedd bachgen o'r enw David Griffiths a fu'n bencampwr Cymru droeon, ac a wisgodd y fest goch ar sawl achlysur wrth gynrychioli'i wlad. Gwelais David yn paffio'n broffesiynol o flaen torf o filoedd yn NEC Birmingham ar yr un garden â Colin Jones a Donald Curry. O siarad gyda Dai yn y dyddiau cynnar hynny, sylweddolais ei fod yn unigolyn cymhleth ond deallus a oedd yn ymwybodol iawn o'i wreiddiau Cymreig ac yn dipyn o genedlaetholwr. Buom yn cellwair a rhannu jôc yn aml wrth ymarfer, a chofiaf yn enwedig y tro cyntaf i'r hyfforddwr Harry Carroll alw'n henwau ni'n dau i wisgo'r menig a chamu rhwng y rhaffau. Nid oeddwn cyn belled wedi dioddef niwed difrifol wrth baffio; rygbi yn hytrach fu'n gyfrifol am y niwed mwyaf a bûm ar hyd yr adeg yn awyddus i warchod y sefyllfa honno wrth baffio. Roeddwn yn ymwybodol iawn o record Dai Griff a chefais ddigon o gyfle i'w astudio'n taro'r cwdyn ymarfer. Rhaid cyfaddef i mi edrych i'w lygaid a chwilio am ei fwriad wrth estyn fy maneg am gyffyrddiad o gwrteisi wrth i'r gloch ganu i nodi gychwyn y rownd. Roedd Dai yn edrych i'm llygaid innau hefyd wrth iddo ymwrthod â'm cynnig gobeithiol o frawdgarwch gyda'r geiriau: 'No friends in the ring, Chiz'. Syllon ni ar ein gilydd am eiliad cyn i'r wên gyfarwydd wawrio ar ei wedd. Gwenu wnaethon ni'n dau wrth gychwyn ar ein clatsio cyfeillgar, y cyntaf o gyfarfyddiadau heriol ond pleserus. Dyw Dai yn anffodus ddim gyda ni bellach, ond mae'n bresennol ac yn annwyl yn y cof a'i ôl ar ambell dolc hwnt ac yma!

Roedd Dai yn fy nghornel ar gyfer fy ngornest olaf un. Harry Carroll oedd yn gyfrifol am drefnu gornestau a daeth cyhoeddiad y byddai gornest yn fuan yng Nghastell-nedd. Y peth cyntaf a'm trawodd ynglŷn â'r lleoliad oedd ei fod braidd yn agos at gartref a phe gwelai fy mam adroddiad yn yr *Evening Post* neu bapur cyffelyb a arferai roi sylw i achlysuron fel hyn, byddai'n embaras. Roedd Mam wrth ei bodd yn gwylio Ali, y paffiwr pertaf yn ôl Muhammad ei hun, ond mae'n siŵr gen i mai edmygu'i fedrusrwydd wnâi Mam. Gornest baffio yng Nghastell-nedd yng nghanol clwb nos y 'Talk of the Abbey', neu, yn ôl un ochr i'r arwydd, 'Siarad yr Abaty'. Beth ddywedai'r mynachod canoloesol deallusol tybed? Chwarae teg i'r 'Siarad yr Abaty' am drio beth bynnag.

Nid yn y cystadlu ei hun roedd yr apêl mwyaf i mi'n bersonol ond yn hytrach yn yr ymarfer corff, yr hanes a'r gymdeithas ond wrth fanteisio ar gyfleusterau clwb fel

Splott Adventure, a hynny'n rhad ac am ddim, deuai teimlad o ddyletswydd i gynrychioli'r sefydliad. Edmygwn hefyd ymroddiad yr hyfforddwyr wrth roi o'u hamser a chynnig dewis iachach nag eraill i ieuenctid y gymuned leol a chyfle i wella'u ffitrwydd a'u hunanddisgyblaeth. Eto, teimlwn gryn bwysau ar y gorau wrth gystadlu o flaen torf a hyd heddiw pan wefra'r nerfau cyn canu, cilio wnân nhw ryw fymryn wrth gofio'r sgwâr paffio.

Ar y noson benodol hon, teimlwn fwy o bwysau nag arfer, gan fod criw o HTV wedi dod i lawr i Gastell-nedd i gefnogi ac wedi cyffroi'n lân fel petaent am weld gornest am bencampwriaeth y byd. Llogwyd car a gwisgwyd yn briodol smart ar gyfer yr achlysur.

Cyn yr ornest, er iechyd a diogelwch, mae'n ofynnol bod meddyg wrth law i archwilio pob paffiwr. Mae gofyn pwyso pawb hefyd gan nad yw'n gyfreithlon i ddau nad ydynt o fewn yr un dosbarth pwysau baffio yn erbyn ei gilydd. Wrth sefyll yn ufudd yng nghwt y meddyg yn aros am fy archwiliad, clywais rywrai y tu ôl i mi'n crybwyll fy enw. Trois atynt a'u cyfarch gan awgrymu fy mod am ymladd yn erbyn un ohonyn nhw y noson honno. Cefais gryn ysgytwad pan ddywedodd y mwyaf ohonynt os mai Chiswell oeddwn i, yna ef fyddai fy ngwrthwynebydd. Roedd yn ddyn mawr barfog o leiaf chwe modfedd yn dalach na mi, a heb or-ddweud, o leiaf ddwy stôn yn drymach. Ar ôl yr ysgytwad cychwynnol, daeth rhyw lonyddwch drosof wrth ragweld nad âi heibio prawf y glorian. Gwyddwn y byddwn i'n pwyso rhwng 11 stôn a 2 bwys ac 11 a 7, sef y pwysau canol.

Mi fyddai'r cawr cymharol yn nosbarth y pwysau trwm os nad gordrwm a dyna'i diwedd hi. Dyma awgrymu wrth y cyfaill:

'That's it then, mismatch, no contest. We're in different weight categories!'

Daeth yr ateb arswydus fel bollt:

'No scales tonight, byt!'

Ymlaen at y meddyg fel petawn ar daith i grocbren ac yn wir, doedd dim golwg o'r glorian na'r swyddogion a arferai weinyddu'r pwyso. Yn anffodus hefyd, yn ôl y meddyg roeddwn yn holliach!

Yn drist a distaw at y drin yr es ac wrth gerdded i gyfeiriad yr ystafell newid, cefais gip ar wyneb cyfarwydd ymhlith y dorf. O edrych eilwaith, sylweddolais mai fy nhad oedd yno. Gan nad oedd gen i sêl ei fendith go iawn ar y busnes bocsio yma, ni fu erioed o'r blaen yn yr un o'm gornestau. Ond y noson honno bu'n chwarae golff gyda'i gyfeillion, fy Wncwl Dewi (Dewi Richards y cigydd a chyflwynydd *Siôn a Siân* am flynyddoedd lawer yn y chwedegau) a Trefor Lewis (a oedd yn gyfrifol am ogofâu enwog Dan yr Ogof yn y cyfnod hwn), cyn ei mentro i wylio'r bocsio. Pentyrrai'r pwysau ond doedd dim troi yn ôl yn awr.

Efallai y byddai rhai yn honni 'mod i'n gwneud môr a mynydd o ornest baffio amatur mewn tre fach ddi-nod rywle yn ne Cymru, achlysur âi'n angof ymhen dim. Ond dyma fynd at wraidd y gamp ei hun. Mewn gornest baffio, waeth bynnag mor ddibwys, daw dau gystadleuydd ynghyd a dinoethi'u hunain gerbron torf. Does dim cyfarpar ond am ddau bâr o fenig sydd wedi'u darparu er mwyn amddiffyn y dyrnau ac osgoi briwiau dwfn ar wyneb gyda'r bwriad o sicrhau gornest hirach. Ac mae'r gorlan raffau yn rhwystr rhag dianc!

Camp gyntefig yw hi heb os a thybed a fyddwn yn edrych yn ôl ryw ddydd gan synnu at y fath beth? Ynteu a fydd ein greddf yn sicrhau hirhoedledd i'r arfer hynafol o osod dau unigolyn benben â'i gilydd? O edrych ar ffurfiau eraill, cyfoes ar ornestau ymladd, ni welaf baid ar bethau. Mae sefydliadau mawr fel yr UFC, sy'n cynhyrchu sioeau ymladd cawell lle gwelir darn-ladd o bob math, yn mynd o nerth i nerth. Mae archwaeth am ffurfiau tipyn mwy treisgar na phaffio hyd yn oed. Pa syndod efallai, pan fo llywodraethau honedig wâr yn gosod y fath esiampl ac yn annog trais ar lefel lawer iawn mwy niweidiol a phellgyrhaeddol yn enw rhyw lun ar ddemocratiaeth?

Yn ôl yng Nghastell-nedd, nid oedd hi'n sefyllfa foddhaol o gwbl o'm safbwynt i ac aeth pethau o ddrwg i waeth pan ganodd y gloch gyntaf i gychwyn yr ornest. Gwireddwyd fy mhryderon a daeth tarw tuag ataf a chanddo ddyrnau trymion ar ben eithaf dwy fflangell a chwipiai'n fynych i'm cyfeiriad. Doedd dim amdani ond cuddio orau gallwn. Mae'n syndod sut bydd y gorlan yn crebachu unwaith i'r ornest gychwyn ac i ble bynnag y trowch, fe'ch cornelir gan wrthwynebydd milain. Llifai cwestiynau i'r meddwl megis: 'Be wnes i erioed i hwn?', 'Ond yw hi'n bryd i'r gloch ganu?' ac yn benodol ar yr achlysur hwn, 'Be ddiawch ma' 'nhad yn meddwl ohono' i nawr?!' Heddiw, mae paffwyr amatur yn gwisgo penwisg ar gyfer pob gornest, ac er nad oeddwn yn hoff o'u gwisgo wrth ymarfer gan eu bod yn dueddol o amharu ar fy ngolwg o bryd i'w gilydd, buasai helmed beic modur wedi gwneud y tro yn iawn y tro hwn.

Mae'n rhaid bod rhyw funud wedi mynd heibio, a'r dyrnau'n dal i dorri yn fy nghlustiau drwy'r menig pan glywais sŵn anadlu trwm ac awgrym o riddfan ar ei gwt, ac er i'r dyrnau lanio'n ddigon mynych o hyd, synhwyrais fod y ddrycin yn cilio ryw fymryn. Es at lygad y storom, lle mae rhyw lonyddwch rhyfedd i'w gael, ac yno, a'r byd yn stond rhywsut, cefais eiliad fach dawel i gynllunio'r cyfuniad ergydion gorau. Dyma'u rhyddhau – chwith, syth, i fyny, de a chwith, yn glou, i lawr, de, yn ôl, i fyny, gan weddïo bod honno'n ergyd gywir ac effeithiol. Daeth ateb i 'ngweddi a gwelais farf yn disgyn trwy fy nhrem. Fe'm gyrrwyd yn ôl i'm cornel gan y dyfarnwr a chefais ennyd am weddi arall nad oedd fy ngwrthwynebydd am godi. Nid atebwyd y weddi hon yn anffodus a bu'n rhaid mynd ati eto. Trwy lwc aeth y barfog druan i lawr eto eiliad cyn i'r gloch ddynodi diwedd y rownd gyntaf, sain ddaeth â chryn ryddhad, ond gwyddwn hefyd fod mwy i ddod a chyfle iddo yntau gael ei wynt ato a chael ei draed dano.

Gall ofn fod yn yriant pwerus ac rwy'n siŵr mai dyma oedd wrth wraidd canlyniad yr ornest, a phan ganodd cloch yr ail, dim ond eiliadau o'r ornest oedd ar ôl. Unwaith i baffiwr fod ar y cynfas am y trydydd tro, mae'n ofynnol i'r dyfarnwr ddod â'r ornest i ben. TKO neu *technical*

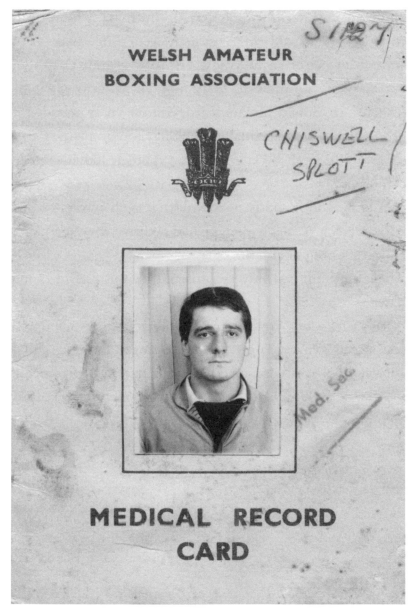

Y cerdyn cofnod meddygol.

knockout yw'r term a diolch i'r drefn, dyna a fu. Doedd fy ngwrthwynebydd ddim gwaeth wedi'r ffrwgwd, ac o sgwrsio gydag ef yn hwyrach, cefais yr argraff ei fod yn berson annwyl a didwyll. Er fy mod yn tosturio wrtho ar un lefel, rhyddhad hunanol a deyrnasai yn fy meddwl y noson honno a braf oedd derbyn llongyfarchion Huw Parry a'r criw a ddaeth o Gaerdydd gan ddiolch iddynt am eu cefnogaeth frwd.

A braf oedd gweld fy nhad wedyn a synhwyro ei fod yn ddigon balch o'r canlyniad, er nad oedd yn llwyr gefnogol chwaith. Cofiaf ei eiriau:

"Na ni, ti 'di cadw dy record gant y cant, gad hi fanna nawr.'

Dyna fel y bu. Ymddeolais o'r gamp yn dair ar hugain oed. Cefais gyngor da gan fy nhad y noson honno a gallaf edrych yn ôl yn fodlon ar ddyddiau y bocsio, y profiadau, y bobl dda a'r 'llunie pell' sy'n 'dal i daro, melyster y cofio'n eu puro'.

Frank a Moira

Mae Frank yn yfed yn y bar
Wedi colli'i dŷ a'i gar
Chwythu mewn i'w organ geg
Ei symffoni i'r tylwyth teg
Gwisgo pâr o sbectol haul
Wedi'i dwyn y dydd o'r blaen
Dweud ei bod nhw'n dda y diawl
Am dorri hyd y dydd i lawr

Moira'n cyrraedd tua deg
Y llwnc cynta'n tynnu rheg
Yfed seidir sych drwy'r dydd
Dweud 'fod e'n cadw'i phen yn glir
Sôn am fynd yn ôl i de
Byth yn cyffro cam o'r lle
Ar draws ei llaw mae hen datŵ
Boi oedd hi'n nabod cyn ei gŵr

'Na bobl sy'n y byd
On'd oes 'na rywbeth o hyd?

Mae golau'r ceir yn golchi'r hewl
Mwg egsôst yn tagu'r niwl
Frank yn sefyll yn y fan
Llefen y glaw heb wybod pam

Moira'n mynd fel meil tua thre
Am hanner nos i gymryd te
Wnaiff seidir sych na'r gwynt na'r glaw
Olchi'r enw oddi ar ei llaw

© Cyhoeddiadau Sain

CÂN DDINESIG YW 'Frank a Moira'. Fe'i crëwyd yng Nghaerdydd yn ffrwyth ysbrydoliaeth a ddaeth o droi yng nghymdeithas y ddinas. Mae llawer wedi holi pwy yn union yw'r ddau gymeriad ond fy ngobaith yw eu bod nhw'n gyfarwydd i ni i gyd. Crybwyllais yr elfen 'ddinesig' wrth gyflwyno'r gân mewn cyngerdd yng Nghwm Tawe rhywdro ac wrth sgwrsio wedyn, daeth ymateb diddorol gan Dr Daniel Gwydion. Dychmygu tafarn leol yn y filltir sgwâr wnâi ef wrth ystyried delweddau'r gân a phriodoli iddi gymeriadau oedd yn gyfarwydd iddo ef ei hun. Gobeithio bod modd iddi daro tant yn ein hymwybod ni oll ac y gallwn ni fel unigolion uniaethu â hi yn ein ffordd ein hunain, beth bynnag fo union leoliad y ddrama. Dyma'r uchelgais wrth gyfansoddi a chyfathrebu gydag unrhyw gân, mae'n siŵr, wrth i ni geisio mynegi'r profiad dynol ehangach drwy'r darlun personol.

Gobeithio nad wyf yn gorathronyddu wrth drafod y broses o greu. Pwy yw Frank a Moira? Wel, tithe a finne ar un wedd ond yn anad dim, fe'u ganed trwy broses o arsylwi dros gyfnod o amser. Mae'r ddau wedi byw yn yr isymwybod nes geni'r gân y bore poenus hwnnw yn ardal Parc Buddug o ddinas Caerdydd.

Byddai'n well i mi egluro, i ddechrau, fy mod wedi byw yn union gyferbyn â Pharc Buddug ers '85, yn y tŷ cyntaf i mi fod yn berchen arno. Wrth sgwrsio yn ddiweddar gyda ffrind nad oeddwn wedi cyfarfod ag e ers tro, ac

80

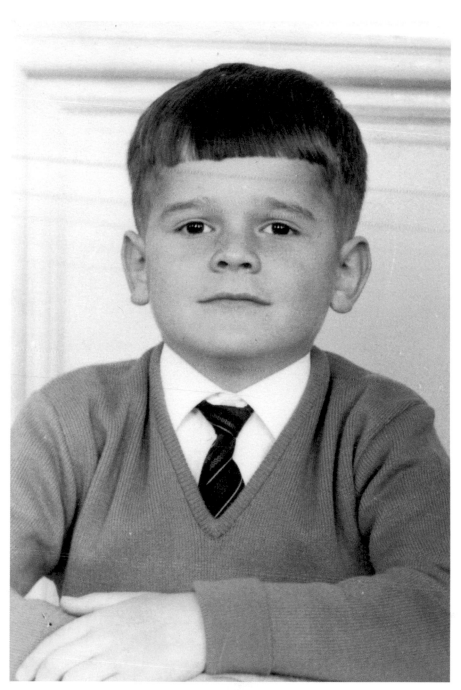

Disgybl yn Ysgol Pant-teg a thystiolaeth o waith llaw celfydd fy nhad wrth saernïo fy ngwallt 'bowlie' – ffasiynol bellach yn ôl fy mhlant!

Fy rhieni.

Dyddiau cynnar carwriaeth fy rhieni yng nghwmni rhagflaenydd Rip y ci.

Fy nhad a finnau wrth dynnu lluniau pasport yn Abertawe.

Fy nhad yn ei elfen yn y siop.

Tad-cu a fi o flaen rhif
1 New Street.

Wncwl Wil.

Minnau a'r Rip ifanc, y ci a ddaeth gyda bendith Tad-cu.

Rip yn ôl ei arfer yn cynnig ystum fel petai'n falch o gael ei anfarwoli.

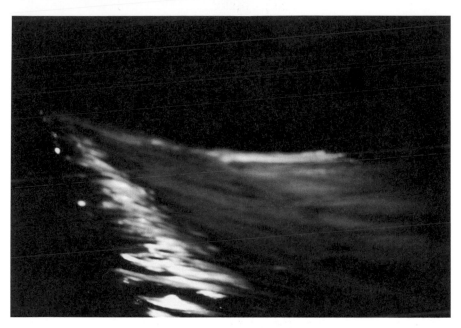

Lleuad lawn ar y gored a gipiais ryw noson olau leuad wrth gerdded Rip y ci.

Recordio yn Stiwdio 1, Croes Cwrlwys.

Clawr sengl *Dwylo dros y môr* â'r criw o flaen Stiwdio Loco.

Crys-t *Dwylo dros y môr* wedi crebachu yn yr olch.

Andrew George, yr aml-offerynnwr, yn Stiwdio Loco tra'n recordio *Rhywbeth o'i Le*.

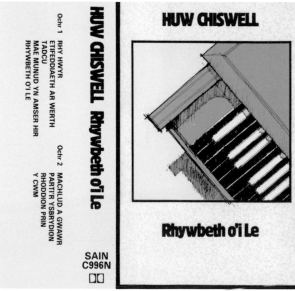

Clawr yr albwm *Rhywbeth o'i Le*. Y gwaith celf gan Maredudd ab Iestyn.

HUW CHISWELL

Ochr 1 RHY HWYR
ETIFEDDIAETH AR WERTH
TADCU
MAE MUNUD YN AMSER HIR
RHYWBETH O'I LE

Ochr 2 MACHLUD A GWAWR
PARTI'R YSBRYDION
RHODDION PRIN
Y CWM

HUW CHISWELL Rhywbeth o'i Le

SAIN
C996N

HUW CHISWELL

Rhywbeth o'i Le

Ystafell olygu Swig.
(Keith Morris)

Cyfarfod cynhyrchu gyda Rhys Ifans.
(Keith Morris)

Llun hyrwyddo o'r cyfnod pan oeddwn, gorff ac enaid, yn eiddo i HTV.

Gig prin ar biano gwyn!
(Marian Delyth)

Ymgysylltu ag ysbryd Cat Stevens wrth ei hen biano CP70 yn y stiwdio.

Geraint George a minnau, naill ben i'r llall i ddau gyd-ddisgybl yn Ysgol Gyfun Ystalyfera – Emyr Davies a Rhys Harris, prif leisydd Y Trwynau Coch.

John Pierce Jones a minnau wedi hen oroesi ein hargyfwng yn Kilburn.

Y Morris wedi'i adfer i'w hen ogoniant a mas am dro yn yr haul ym Mae Caerdydd.

Mari.

(Emyr Young)

Manon.

(Emyr Young)

Manon yn yr Alamo, y caban ar ben y Bont Goch, Ystalyfera.

Mari, Manon, Mam a minnau, Godre'r Graig.

Mam yn eistedd yn haul mynwent Allt-y-grug.

(Emyr Young)

yntau wedi symud tŷ yn y cyfamser, daeth i'r amlwg ei fod yn byw bellach yn yr union dŷ hwnnw ger Parc Buddug. Dyna un arall o gyd-ddigwyddiadau braf bywyd a gynigiodd gyfle i mi groesi'r rhiniog eto at fywyd y bu imi ffarwelio ag ef ryw bum mlynedd ar hugain yn ôl – profiad braf os nad cyfriniol braidd wrth i'r naid sydyn mewn amser gonsurio delweddau o'r gorffennol a'u taenu yn 3D y dychymyg.

Roedd y piano yn y dyddiau cynnar hynny yn y tŷ yn yr ystafell flaen a wynebai'r parc ei hun. Wrth godi rhyw fore ar ôl noson hir a hwyr a'r pen yn curo gyda blinder a gormodedd y noson cynt, doedd dim ond un peth amdani sef anelu at y piano am foddion. Cofiaf fy nwylo yn disgyn ar yr allweddell a chord melancolig agoriadol y gân yn canu. Dilynodd y nesa'n fuan a llinell gyntaf y geiriau'n ymddangos megis adlewyrchiad o'r noson cynt: 'Mae Frank yn yfed yn y bar'.

Mae gen i lun o rywun o'm blaen wrth ganu'r gân ond wn i ddim pwy ydyw. Mae'r enw Frank wedi apelio erioed am ryw reswm. Francis oedd enw fy nhad-cu ar ochr fy nhad ac er nad oeddwn yn ei adnabod yn dda gan iddo farw a minnau'n chwech oed, mi gofia i hanes am Tad-cu ochr Mam yn cynnig i mi gael fy enwi'n Frank ar ei ôl. Dyw fy hoffter o'r enw ddim yn ymestyn hyd hynny a diolch i'r drefn, ni wireddwyd y cynnig, ond chwarae teg i Tad-cu am fod mor raslon.

Mae'r enw Moira yn ddigon poblogaidd yng Nghaerdydd trwy ei gysylltiadau Gwyddelig cryf, ac fe'i hysgogwyd fel

enw i gymeriad yn y gân gan dafarn o'r un enw ar Moira
Terrace yr arferwn yrru heibio iddi ar fy ffordd i'r clwb
bocsio yn Splott. Ches i erioed yr awydd i groesi'r rhiniog
chwaith – doedd dim golwg rhy groesawgar arni. Rhagfarn
yw peth felly yn y bôn ac rwy'n difaru braidd erbyn heddiw,
oherwydd ei chysylltiad â'r gân a'r ffaith nad oes bellach un
dim lle bu.

Tarddodd y ddau gymeriad o fae fy nychymyg neu yn
hytrach, o ddociau fy nychymyg. Y dociau oedden nhw
bryd hynny, yn fy nyddiau cynnar yn y ddinas, cyn bod
sôn am y morglawdd a'r 'bae' deniadol. Erbyn heddiw,
man gwleidyddiaeth ac adloniant teuluol ydyw ond yng
nghyfnod cyfansoddi'r gân, man tywyll a chyffrous ydoedd,
rhywle a gynigiai gerddoriaeth wahanol i seiniau'r ddinas a
bariau'r fagddu yn cynnig eu hawyrgylch amlddiwylliannol
braf eu hunain. Y Big Windsor, y Dowlais a'r Casablanca
– oll yn enwau a godai wefr ac addewid o brofiad amgen
wrth groesi'u trothwy.

Creaduriaid y dydd yw Frank a Moira, dau enaid coll
sy'n boddi'u hofnau mewn llymaid prynhawn. Cefais gip
ar ryw Frank arall rhywdro yn hen dafarn y Golden Cross,
adeilad sydd wedi'i restru oherwydd y gwaith seramig cain
ac unigryw yng ngwneuthuriad y bar. Daw gwên wrth yrru
heibio bob tro. Mae crafangau'r gyfundrefn gyfalafol wedi
rheibio'r ardal gyfagos wrth godi tyrau diflas, di-chwaeth
â'u lloriau papur yn enw cynnydd. Saif y Golden Cross yn y
canol yn herfeiddiol, gyda gwên fach hyf dan amddiffyniad
ei statws rhestredig. Mae'n dafarn wahanol iawn erbyn hyn

ac yn boblogaidd yn enwedig ymhlith cymuned hoyw y ddinas. Roedd awyrgylch wahanol iawn yno y diwrnod y bu i mi alw i fewn 'i gael pip ar y gwaith seramig' a chanfod Frank yno yn pwyso ar y bar ac yn anwesu ei organ geg. Llifai'r haul drwy'r ffenest ar y criw brith oedd wrthi'n yfed ei hochr hi a seriwyd awyrgylch yr eiliad ar fy nghof hyd heddiw. Sylwais fod Frank yn gwisgo siwt a fest wen oddi tani.

Daeth hi'n arfer am gyfnod hir i mi beidio â chanu'r gân. Cawn geisiadau gan gynulleidfaoedd yn gymharol aml i'w chanu yn fyw ond ni wnawn hynny nes y daeth cais am ddatganiad ohoni ar raglen deledu rhyw dro. Wrth ymarfer y gân, sylweddolais nad oeddwn i'n cofio'r union gyfeiliant. Doedd dim copi wrth law ar y pryd, felly dyma adnabod y nodau agoriadol a ffwrdd â mi. O ganlyniad aeth y gân i gyweirnod gwahanol i'r gwreiddiol a hwnnw dipyn yn is. Sgwn i ai dyna'r allwedd i'r dirgelwch ac mai mater syml o symud i gyweirnod mwy cyfforddus oedd y sbardun roedd ei angen i ryddhau'r gân unwaith eto? Rwy'n siŵr i mi ei chanu ym mhob cyngerdd wedi hynny.

Cân oddi ar y record hir *Rhywun yn Gadael* yw 'Frank a Moira'. Roedd iddi elfen go iawn o 'adael', neu ymgais i adael beth bynnag. Roedd llawer o'r caneuon ar yr albwm cyntaf, *Rhywbeth o'i Le*, wedi'u cyfansoddi gryn dipyn o amser cyn recordio'r albwm hwnnw a rhai ohonynt wedi bod yn cyniwair ers dyddiau ysgol. Rwy'n siŵr i mi weld *Rhywun yn Gadael* fel cyfle i ymbellhau yn gerddorol oddi wrth fy arddull flaenorol. P'un ai proses o aeddfedu oedd hyn neu'n syml awydd i roi cynnig ar rywbeth newydd, mae'n amhosib dweud, ond dyna mae'n siŵr oedd yn gyfrifol am yr anfodlonrwydd â'r recordiad cyntaf ohoni a'r ailgychwyn ar y recordio a grybwyllwyd eisoes.

O ran lle 'Frank a Moira' yn y broses hon, i mi mae'n gorwedd y tu hwnt i ystyriaethau ymwybodol, bwriadol felly. Cafodd enedigaeth naturiol, sydyn. Mae unrhyw ddylanwadau arni yn rhai sy'n perthyn i'r isymwybod; ei cherddoriaeth yn deillio o'r stôr a gasglwyd ar hyd y blynyddoedd a'i strwythur yn ddigon unionsyth wrth i'r gair ddilyn ei drwyn ar lif y dôn ac yn yr un modd, gobeithio, wrth i'r dôn adlewyrchu ysbryd y gair.

Yn y baledi hyn yr wyf fwyaf cyfforddus a dyma diriogaeth fy nghaneuon mwyaf triw, mae'n siŵr. Mae chwilio am arddull y mae modd ei pherchenogi gyda hygrededd yn broses astrus ac yn waith parhaus i mi o hyd, ond mae symlrwydd y faled yn golygu nad yw gorwisgo na chuddio pechodau yn bosib. Mae'r gân yno'n gwbl agored a diamddiffyn i'w defnyddio, ei harchwilio a'i beirniadu ond hefyd, gobeithio, i'w mwynhau.

Mae modd cynnal yr uniongyrchedd hwn trwy'r broses recordio hefyd. Yn bersonol, fy hoff ddull o recordio yw'r un lle bydd y cyfeiliant a'r llais yn 'mynd lawr' ar yr un pryd. Mae'r gwaith wedi'i gwblhau heb lol, heb fodd i'w atgyweirio yn ei frychau bach gonest, a'r cyfanwaith yn orffenedig a rhyw hud o bosib yn ei amherffeithrwydd. Mae symlrwydd y broses yn apelio a modd i'r cyfeiliant a'r llais asio'n llwyr wrth i'r naill ymateb i'r llall. Yn dechnegol, mae'r dull hwn o weithio yn creu trafferthion i'r purydd o beiriannydd sain. Mae'r hyn sy'n cael ei alw yn yr iaith fain yn *spill* yn digwydd. Hynny yw, mi fydd sain y llais i'w chlywed ar feicroffonau'r piano a sain y piano i'w chlywed ar feicroffon y llais, sy'n sefyllfa annerbyniol i rai technegwyr. Mae'r sefyllfa'n gwaethygu pan fo offerynnau ychwanegol yn cyfeilio hefyd, yn enwedig pan fo'r rheiny'n offerynnau swnllyd megis gitarau trydan neu offerynnau pres. Mae gofyn wedyn gosod pawb mewn ystafelloedd ar wahân ac mae galw am ofod go lew felly. Yn fras, wrth anelu am y sain buraf, mae gofyn recordio pob sain yn unigol a'r seiniau unigol hynny o ganlyniad yn fwy 'glân'. Eto, yn fy marn i, mae rhywbeth yn cael ei golli o weithio yn y dull hwn. Mae'r cyfeiliant yn dueddol o newid wrth ei recordio'n unigol a'r llais yn cael ei orfodi i newid wrth ei ychwanegu at gyfeiliant y recordiad hwnnw; sefyllfa annaturiol braidd. Efallai mai cynnil iawn yw'r gwahaniaeth i'r glust, ond mae'n sicr i'w ganfod mewn recordiad a orgynhyrchwyd wrth i ryw elfen o'r asio a ddaw o gydchwarae ac o gydymwneud ddiflannu.

Wrth drafod materion technegol, cystal sôn am y piano a dadl yr oes fodern ynglŷn â'r acwstig yn erbyn y digidol. Mae datblygiadau yn y maes technolegol, heb os, yn fendith i bianydd. Mae'r ffaith bod modd i ni bellach gynhyrchu sain sy'n ymdebygu i sain piano, a hynny trwy gyfrwng blwch cymharol gludadwy, yn gyfraniad derbyniol iawn. Mae'n hysbys i bawb nad oes chwaith angen ei diwnio ar biano digidol; dyw tymheredd, neu daith ar heol arw, yn effeithio dim arno.

Rwy'n siŵr y byddai pianyddion yn cytuno bod rhagoriaethau lu i biano 'go iawn'. Er cystal technoleg yr allweddell ei hun, yn union fel ei sain, efelychiad o'r piano go iawn yn unig yw 'teimlad' allweddell y piano digidol, gan efelychu'r pwysau a'r modd y mae'n ymddwyn wrth wasgu gyda phwysedd amrywiol. Mae rhai offerynnau yn well na'i gilydd wrth gyflawni hyn ond fel y gwelir yn y maes digidol drwyddi draw, dyw'r offer mwyaf soffistigedig hyd yn oed ddim yn agos at y profiad go iawn!

O ran y sain, mae'r goreuon o blith y samplau yn ddigon derbyniol ond i mi, mae'n amhosib efelychu'r profiad yn gwbl lwyddiannus i'r sawl sydd wrthi'n canu'r offeryn. Mae ffynhonnell sain y piano digidol yn gorwedd mewn uchelseinydd ac felly'n tarddu o un cyfeiriad penodol iawn, sef yr uchelseinydd ei hun, tra bod sain y piano go iawn yn amgylchynu'r canwr. Hynny yw, wrth chwarae, mae rhywun yn eistedd yng nghanol byd y sain a hwnnw'n crynu drwy'r glust, y penglog a'r corff yn gyfan gwbl wrth i bob tant unigol ryngweithio'n harmonig â'r llall. Does dim profiad tebyg!

Mae safon offerynnau digidol yn amrywiol iawn a rhai yn bleser cymharol eu chwarae tra bod eraill yn gallu achosi trafferthion. Mae hyn yr un mor wir am biano acwstig. Mae gofyn bod yn hyblyg wrth addasu i offeryn dieithr a hynny'n gyflym. Wrth gynnal cyngerdd ar offeryn, mae rhywun yn ymarfer am y tro cyntaf am ryw ddeng munud am saith o'r gloch a'r cyngerdd yn cychwyn am wyth. Rwy'n cofio bod yn dra hunanymwybodol yn y gorffennol wrth restru gofynion pianos ar gyfer cyngherddau, a rhaid cyfaddef fod gen i beth swildod wrth wneud hynny hyd y dydd heddiw. Dydyn ni fel cenedl, o bosib, ddim yn hoff o swnian gormod ac yn sicr ddim am ymddangos yn rhwysgfawr yn ein gofynion. A phan ddaw hi at biano sydd i'w chwarae o flaen cynulleidfa, mae gofyn ei fod yn offeryn nad yw'n boenus i'w glywed. Mae cyfrifoldeb ar y sawl sy'n cynhyrchu'r sain wrth reswm ond a derbyn bod honno'n ei lle, o chwarae offeryn aflafar, yn y pen draw, nid yr offeryn gaiff y bai gan y gynulleidfa ond yn hytrach y cerddor!

Bûm dipyn mwy penderfynol wrth drafod pianos gyda threfnwyr cyngherddau ers y profiad hwnnw, flynyddoedd yn ôl, ym mhellafion Pen Llŷn. Roeddwn yn edrych ymlaen yn eiddgar at y noson, ac wedi trafod natur y piano trydan oedd i'w ddarparu gan y trefnwyr gydag addewid am biano gwerth chweil. Pob peth yn ei le, felly, a gyrru o Gaerdydd mewn da bryd i ymgyfarwyddo rhywfaint â'r offeryn dieithr. Wrth gerdded i fewn i ystafell y cyngerdd, dyma sylwi ar allweddell drydanol o gornel fy llygad a'i diystyru gan ddisgwyl cael fy nghyflwyno maes o law i'r offeryn go iawn. Siom braidd oedd sylweddoli mai allweddell cornel y llygad oedd y teclyn yr oedd disgwyl i mi ei chwarae y noson honno.

Wrth fynegi anfodlonrwydd gydag offeryn, denir atebion tebyg i 'Pwy yw hwn? Ashkenazy?' neu 'Www! Edrychwch ar hwn. Piano ni ddim digon da?' Er na fynegwyd hyn yn yr union dermau hynny ar y noson arbennig hon, mae'n debyg fod yno garfan a deimlai felly.

Y ffaith amdani yw nad yw'n dechnegol bosib i mi atgynhyrchu fy nghaneuon wrth gyfeilio fy hun ar allweddell fonoffonig – hynny yw, yn yr achos hwn, syntheseisydd pedwar wythawd sydd ddim ond yn seinio un nodyn ar y tro. Dim cordiau felly a dim nodau bas chwaith. Mentraf y byddai'n well gan gynulleidfa glywed record o'm caneuon ar uchelseinydd nag ymgais *avant-garde* ar y synth. Waeth bynnag yr egluro a'r esbonio, y rhesymegu a'r ymddiheuro, bydd yr un llais hwnnw i'w glywed yn rhywle yn gofyn: 'Pwy ddiawl yw hwn?'

Ymgom gyson ym myd canu Cymraeg yng ngyfnod y gân hon oedd y gwrthdaro rhwng y 'canol y ffordd' a'r 'amgen' neu'r 'tanddaearol'. Mae pob amser awydd i roi artistiaid mewn dosbarth cyfleus. Roedd 'canol y ffordd' yn cael ei ddefnyddio gan lawer fel term dirmygus braidd, ffaith ryfedd o ystyried mai, yn y bôn, disgrifio deunydd a werthfawrogir gan y rhelyw ydyw. Mae'n debyg bod rheolau eraill ar waith yma hefyd ond bûm mewn penbleth gyson ynghylch ble yr oedd fy nghaneuon innau'n gorwedd. Dwi'n siŵr bod ambell gân 'canol y ffordd' yn rhan o'r arlwy. Mae'n bosib bod rhai wedi'u cyfansoddi yn bwrpasol i'w gwerthfawrogi gan drwch y gynulleidfa ond eraill wedi cael genedigaeth naturiol a dod i'r byd heb fwriad penodol. I'r categori olaf y perthyn 'Frank a Moira' – 'canol y ffordd' neu beidio.

Roeddwn wrth fy ngwaith yn Adran Adloniant cwmni teledu HTV yn ystod cyfnod *Rhywun yn Gadael* ac roedd yr adran honno'n dylanwadu ar ba raglenni y cawn berfformio ynddynt. Yn rhyfedd iawn, bu gwrthwynebiad gan fy nghyflogwr i mi ymddangos ar raglenni cwmnïau eraill – rhaglenni mwy ymylol, ifanc eu naws, ac er i mi gael sawl gwahoddiad i ymddangos ar raglenni fel *Fideo 9*, gwrthod rhoi caniatâd wnaeth fy nghyflogwr yn HTV. Rhyfedd o fyd. Does gen i'r un gŵyn am reolaeth y cwmni drosof tra oeddwn yno fel gwas cyflog. Fy newis i oedd bod yno, a'm hawydd i oedd aros cyhyd. Wrth gynhyrchu cyfresi teledu, roeddwn ar ben fy nigon a bu'r gwaith yn fwy o fwynhad nag o lafur er gwaetha'r cyfyngu ar fy ngweithgaredd cerddorol.

Daeth recordio *Rhywun yn Gadael* hefyd ar gynffon fy ymddangosiad mwled-aidd yn y ffilm *Ibiza! Ibiza!* Roeddwn wedi cael rhywfaint o brofiad actio llwyfan pan oeddwn yn iau, gan gychwyn gyda rôl Oliver yn festri Capel Pant-teg ac yna tra yn y coleg ond pur wahanol oedd y gìg hwn yn yr haul. Roeddwn ymhlith actorion profiadol a dawnus a theimlwn yn ddigon petrusgar ar brydiau. Efallai y bydd hyn yn peri syndod i lawer, gan gynnwys ambell gydnabod, ond rwy'n berson digon swil yn y bôn. Wrth dderbyn fy swydd gyntaf gyda HTV, mi gefais gynnig yn ogystal swydd fel cyflwynydd dan yr un telerau. Doedd dim amheuaeth mai'r swydd ymchwilydd, y tu ôl i'r camera, oedd orau gen i. Mae ymddangos o flaen tyrfaoedd yn eistedd wrth y piano yn cynnig her o bryd i'w gilydd, ond mae lloches i'w chael bob tro rhywle rhwng y gân a'r piano.

Yn y ffilm doedd dim lloches wrth i mi ddinoethi fy hun bob gafael ac roedd ymddangos ymhlith criw o actorion comedi gorau Cymru a hynny mewn rôl, wel, ddigomedi, ddywedwn ni, yn her ond yn her yr oedd rhaid ei hwynebu petai ond o ran y profiad yn unig. Atyniad eilradd wrth reswm oedd cael hedfan i'r haul am gyfnod, a hynny i 'weithio'.

Rhaid cyfaddef i'r amheuon ynghylch fy rôl yn y ffilm godi pan ddaeth cais i mi fynychu cwrs o sesiynau gwely haul. Ro'n i eisoes, digwydd bod, yn ddigon tywyll fy nghroen ar ôl bod yn lletya gyda fy nghyfaill Huw Jenkins, oedd erbyn hynny wedi ymgartrefu ar ynys Lanzarote ac yn gweithio yno fel athro. Roedd yr ynys yn gymharol dawel ar y pryd, yn bur wahanol i'w hamgylchiadau presennol a thwristiaeth dorfol wedi gafael go iawn erbyn hyn. Bu'n wyliau braf o grwydro'r ynys hyfryd dan haul tanbaid, cyson, ac o gysgu dan y sêr a'm croen yn dyst i fywyd yn yr awyr agored. Mwy buddiol o lawer fyddai cwrs o wersi Sbaeneg ond gwely haul amdani, rhag i'r lliw ddiflannu, a bûm yn gorwedd fel cig moch rhwng dwy lamp afiach mewn rhyw salon am sawl sesiwn o ffrio didostur.

Ni fu unrhyw waith am ddiwrnod neu ddau ar ôl cyrraedd Ibiza oherwydd trafferthion wrth gael caniatâd i ddod â'r offer camera i'r ynys. Doedd dim amdani ond aros yn eiddgar, a hynny yn anffodus o gwmpas pwll y gwesty a'r dref gyfagos. Mae perygl i hyn ymddangos fel camddefnydd gwarthus o arian cyhoeddus ond mae'n rhaid nodi mai digon tyn fyddai cyllideb ffilm adloniant Gymraeg o'r fath, hyd yn oed yn y dyddiau cymharol lewyrchus hynny, ac roedd gofyn am gryn ddyfeisgarwch ar ran y cynhyrchwyr er mwyn sicrhau'r gwerth am arian gorau posib. Er yr holl hwyl, bu'r gwaith o adennill yr amser a gollwyd ar gychwyn ein cyfnod yn Ibiza yn glod i'r criw.

Roedd ffilm Caryl yn un hynod o boblogaidd yn ei chyfnod gan ennill statws 'clasur Cymraeg' maes o law. Mae hi'n cynnig modd i fyw i gyfeillion bob tro y daw i'r sgrin, ac mae'n bleser medru cynnig y fath foddion gras iddynt a'r cyfle euraid i dynnu coes!

Mae 'Frank a Moira' yn teimlo'n bell o rialtwch traethau melyn Ibiza er bod helbulon bywyd i'w cael hefyd mewn gwledydd poeth, paradwysaidd yr olwg. Mae arswyd rhyfeloedd gwarthus a chaledi economaidd a'u crafangau milain ym mhob cwr. Fe'm trawyd yn ifanc iawn ar daith i'r Eidal gan y cyferbyniad cignoeth rhwng coethder y bensaernïaeth gain a thrallod y rhai a gysgodai wrth y sylfeini yn cardota. Mae'n drist nodi mor gynyddol gyffredin yw golygfeydd cyffelyb ar strydoedd Cymru erbyn hyn a phan ddaw'r gaeaf, her ofnadwy yw'r bywyd hwn yn y glaw iasoer a'r rhew ciaidd. Dyw'r ddau sy'n byw yn y gân heb gyrraedd yr iselfannau trist hynny ond i mi, er mor fyd-eang yw natur eu cyflwr, yng Nghymru'r pedwar tymor y mae eu cartref nhw, lle bydd mwg egsôst yn tagu'r niwl.

Tad-cu

Yn y lleuad dwi'n gweld dy wyneb di
Ers Mehefin saith deg pedwar yno y bu
Oes mae gen i lygad a thafod yn fy ngheg
Ond ro'n i'n methu'n lân â gweld
Nawr yn methu'n lân â dweud
Sut i mi fethu â gwneud dy orie blin yn ole

Yn y lleuad dwi'n gweld dy wyneb di
Blynyddoedd mawr dy fywyd rhyngom ni
A minne'n un mor ifanc yn meddwl fy mod i'n ddyn
Gen i gymaint nawr i ddweud
A chymaint i ddat-wneud
Pe cawn i'r amser 'nôl mi wnawn fy ngore
Yma ar y lan cawn siarad tan ddaw'r bore

Mae'n lleuad lawn ar y gored
Llewyrch tan ddaw'r bore
Fel swllt yn dwym mewn poced
Rwyt ti'n llosgi'r lli
Mae dy gofio yn llosgi 'nghalon i

Yn y lleuad dwi'n gweld dy wyneb di
Dy lais yn atsain gwacter yn y tŷ
Yn dy orie mudan
Yn awr dwi'n gweld dy rym
Nawr yn gwenu'n dda wrth weld
Gwenu'n dda wrth ddweud
I ti wneud fy orie blin yn orie gole

Mae'n lleuad lawn ar y gored
Llewyrch tan ddaw'r bore
Fel swllt yn dwym mewn poced
Rwyt ti'n llosgi'r lli
Mae dy gofio yn llosgi 'nghalon i

© Cyhoeddiadau Sain

PHILIP WILLIAMS yw fy enw i er taw fel Phil Allt-y-grug y ces i fy napod erio'd. 'Na'r ffasiwn yng Ngwm Tawe. Ar fynydd Allt-y-grug y ces i 'ngeni, mewn tyddyn o'r enw Fferm Tŷ Gwyn, y cartre teuluol ers i Mam-gu a Tad-cu symud lawr o'r wlad. Yn Nhalyllychau o'n nhw cynt – Fferm Bryngwyn Bach. Philip Williams yw'r enw cynta ym Meibl y teulu fel mae'n dicw'dd, ond mil wyth a dounaw yw'r flwyddyn wrth ei enw e. I Gwm Tawe dd'ethon nhw lai na chanrif wedyn at y glo, y tin a'r dur.

Fe'm ganed i ym mil wyth naw deg a thri, y cynta o naw o blant. Erbyn mil naw a chwech ro'n i dan dd'ear yn gw'itho, yn dair ar ddeg o'd. Fel'na roedd hi bryd 'ny – yr hynaf mas i w'itho. Ro'n i wedi cael blas ar fywyd dicon caled yn barod ar y tyddyn mynydd oedd yn gartre i ni. Tyrn o waith yn y bore, cered lawr i'r ysgol yn cario'r stên ddŵr. Honno i'w llenwi yn y pistyll gwaelod a'i chario 'nôl i'r ffarm amser cino. 'Nôl lawr i'r ysgol wedyn a stên arall i'w llenwi 'to weti'r gloch. Wy' ddim yn conan, cofiwch. Ro'dd gwa'th i ddod.

Ro'dd hi'n ddwy filltir o wâc i'r gwaith – milltir i Pwll Bach a wedyn milltir miwn i'r mynydd at y glo. Ro'dd hi'n dywyll arnon ni'n mynd miwn ac am hanner y flwyddyn yn dywyll arnon ni'n dod mas hefyd. 'Na sbort ife? Ond ro'n inne'n lwcus. Dynnes i amal i ffrind a chydnabod mas yn gorff. Golles i 'mrawd, Rhys, yn ddyn ifanc a Rhysian fach heb ei geni 'to. Bu jest i ni golli William John, y mab, hefyd ond un stwpwrn bu e erio'd, whare teg 'ddo fe. Pan glywch chi sôn am y dyddie 'ny fel 'y dyddie da', cofiwch taw dyddie drwg y diawl o'n nhw.

Dosbarthiade nos a'r Ysgol Haf amdani fel bollt i ni ga'l dysgu rhwpeth a dod mas o dwll. Daeareg a mwyngloddio o'dd 'y mhethe i – defnyddiol at y gwaith. Peth gore 'nes i 'rio'd. Ges i ddod o dan dd'ear ta beth a mynd yn *fireman* i ddechre ac *undermanager* yn y pen draw. Ro'dd teulu erbyn 'ny wrth gwrs. Margaret y wraig a'r plant Wiliam John, Caryl a Lin. Dewis Wil o'dd mynd i'r pwll. W'ithodd e'n galed a dod yn gyd-berchennog ar waith bach. Gymerodd y ddou arall eu cyfle a bant â nhw i'r coleg.

Rhwng y cyfan – y teulu, y gwaith, y 'studio a'r capel – ro'dd dicon i 'neud. Ond ro'n i'n dwlu ar gricet a hoci ac yn aelod cychwynnol o dimau Ystalyfera yn y ddwy gamp. Ro'dd dicon o wynt yn yr hen fegin bryd 'ny, a wharies i am flynyddo'dd.

Es i unwaith â Lin, y mab ifanca, i un o'r geme cricet. Meddwl ddangosen i iddo shwt o'dd bato. O'n i'n ddyn i gyd yn cyrra'dd y cris a moyn neud siew ohoni i'r mab. Ta beth, cered 'nôl bu rhaid i fi ar ôl y bêl gynta. *Golden duck.* Gas Lin weld shwd o'dd *p'ido* bato ta p'un 'ny.

Beth arall weta i 'tho chi? Wy' byth 'di bod yn yfwr mawr, dyw llym'itan ddim yn cytuno â fi ond wy'n lico peint neu ddou o leia unwaith yr wthnos. Pan brioton ni a phrynu tŷ bo'tu filltir lawr y cwm yng Ngodre'r-graig, y Bush oedd yr agosa. 'Sda fi ddim dicon o bwff ers blynydde nawr i ddringo'r tyle 'nw i Bant-teg.

Glywsoch chi sôn am Ben Davies, Pant-teg, siŵr o fod
– yr emynydd a bardd y gader:

Mi godaf egwan lef
At Iesu yn y nef...

Gweld ei gartre nawr o ffenest y parlwr fan 'yn yn New
Street. Cofio'r capel yn ei fri. Côr mawr Ystalyfera ar y brig.
Doedd y dyddie 'ny ddim yn ddrwg i gyd wetyn.

Ma' miwsic, yn enwedig canu, wedi bod yn ddiddordeb
mawr i fi erio'd. G'rindo mwy na dim, er i'r wraig a finne
ganu yn y corws i Hywel a Blodwen sbel 'nôl. Ro'n i'n
whare'r feiolin yng ngherddorfa Capel Jeriwsalem hefyd.
Cymryd itha ddiléit mewn emyne. Dwlu ar lais David Lloyd
hefyd. 'Na chi ganwr nawr. Er bod ei steil hi'n ots, wy' hefyd
yn edmycu Shirley Bassey yn fawr fel artist. A weles i Ivor
Novello unwaith, yn yr hen Empire yn Abertawe. Gofia i'r
nosweth honno'n glir. Nid yn gyment y canu da, cofiwch,
ond y cywilydd dynnes i ar ben Margaret. Ro'dd y dyrfa
ar eu tra'd ar y diwedd, yn galw am *encore* arall gan Ivor.
Dda'th e 'nôl hefyd, whare teg 'ddo fe, a 'ma fe'n gofyn i
ni'r gynulleidfa pwy gân licen ni gl'wed i gloi'r noson. Nawr
bydden i byth yn moyn amharchu'r dyn. Ro'n i'n ddicon
bodlon talu iddi glywed e. Ta beth, glywes i'n hunan yn
galw mas yn uchel o fla'n pawb, 'Cana rwpeth yn Gymra'g
'achan, er mwyn dyn!' Wherthin 'naethon nhw, cofiwch.
Falle gytunon nhw â'r cais. Fel'na büws hi hefyd a whare
teg i Ivor 'to.

Llawn cystel bod cerddorieth gyment o ddiléit. Ma'

Caryl, y ferch, yn bianydd a Huw, ei mab, wrthi nawr ers blynyddo'dd hefyd. Ma' piano deche yn y tŷ ers i Caryl ennill yr Ysgolorieth Gerdd 'ny a'n lwc inne yw ca'l cl'wed y piano bob dydd – yn enwedig ar ôl cwpla gw'itho. Ma'r llyfre a tam bach o'r cricet nawr ac yn y man yn bethe da ond ma' isie piano ar bob tŷ, on'd o's e?

Wel, 'ma ni'n cyrra'dd y diwedd nawr. Ma'r tŵls ar y bar. Barod i fynd erbyn hyn, rhaid fi 'weud... Ma'r blynyddo'dd o fod yn fyr o wynt wedi dala lan o'r diwedd ond ma' fel 'se'n cymryd amser hir yr yffarn. Gwely fwya'r dyddie 'ma. Lan llofft nawr yn y tŷ brynon ni 'nôl yn nechre'r ganrif. Ma' popeth yn barod 'da fi. Hyd yn o'd sashys newydd ar ffenest y parlwr – eiff yr arch ddim mas drw'r lobi at y drws ffrynt, chwcl. Ym mynwent Eclw's y Drindod fydda i, gyda Margaret 'a'r hen wynebau eraill'. Mae'n gro's gra'n gadel Huw hefyd.

* * *

Mae'r chwithdod o golli Tad-cu wedi para ers ei farw ym 1974 a dwyster y teimladau o hyd mor fyw ag erioed. Dim ond am ryw dair blynedd ar ddeg y cefais i'r fraint o'i adnabod ond cafodd ddylanwad mawr arna i, nid yn unig yn y dyddiau cynnar hynny ond hyd y dydd heddiw.

Er mai unig blentyn ydw i, roedd gen i frawd delfrydol, yn dal a chadarn, yn ddoeth ac yn dyner – yn batrwm o'r hyn yr hoffwn i fy hun fod ryw ddydd. Roedden ni'n byw o dan yr un to yn y cartref teuluol lle ganed ac y maged Mam a'i brodyr. Roedd Tad-cu yn hollbresennol yn fy mhlentyndod a phetai rhywun yn holi am fy nghof cyntaf erioed, y ddelwedd a ddaw gyntaf i'r meddwl yw'r darlun ohono yn erbyn awyr las heulog yn edrych lawr arna i wrth fy mhowlio mewn pram. Darlun braidd yn ddelfrydol o bosib, ond boed yn ddychymyg neu beidio, erys yr atgof.

Mae gen i ddarlun clir ohono'n eistedd yn ei gadair ger y tân, a'i drwyn yn y papur yn bwrw golwg bob hyn a hyn ar ba dasg bynnag a osodwyd i mi – rhifyddeg (gwae fi o'i golli!), sillafu, dweud yr amser neu yn aml ryw her gyda morthwyl a chŷn. Doedd 'iechyd a diogelwch' ddim yn faterion allweddol ar lawr gwlad yn y chwedegau.

Yn raddol dirywiai ei iechyd a threuliem fwy a mwy o amser yng nghwmni'n gilydd, ac yn naturiol, doedd ein perthynas ddim yn esmwyth bob tro. Wrth i minnau dyfu'n fwy haerllug, tasgai'r gwreichion o bryd i'w gilydd ac rwy'n edifar heddiw am hynny. Dadl gyson rhyngom oedd honno ynglŷn â chael ci. Roedd stori Gelert wedi dylanwadu'n drwm arna i a holl hanesion fy nhad am ei gi yntau dro yn ôl wedi tanio fy nychymyg fwyfwy. Roedd fy rhieni eisoes wedi'u darbwyllo yn dilyn ymgyrch ddwys ond roedd Tad-cu yn dal ei dir: 'Dim ci yn 'y nydd i.' Roedd hyn yn achos rhyfel cyson am flynyddoedd. Roedd y teulu oll yn ymwybodol o'r tensiwn mawr ynghylch y ci. Ysbrydolwyd ffrind i ni, Ronnie Harris, i gofnodi'r sefyllfa mewn darlun.

Daeth y ci yn y diwedd, yn fuan ar ôl i Dad-cu ein gadael – ymgais ar ran fy rhieni efallai i lenwi'r bwlch.

Bu Tad-cu yn smygwr gydol ei oes. Rwy'n cofio'r paced

Ronnie Harris yn darlunio gwahardd y ci.

Woodbine oedd wrth law byth a hefyd. Eto, does gen i ddim cof ohono fel smygwr trwm chwaith. Doedd dim cymaint o sôn yn y cyfnod hwnnw am beryglon ysmygu, na chwaith am y drafferth sydd wrth geisio rhoi'r gore iddi. Doedd dim arlliw o'r 'smygwr esgymun' sydd mor gyfarwydd i ni heddiw. Yn wir, mae gen i gof clir o'r meddyg teulu ei hun yn pwffian yn braf y tu ôl i'w ddesg yn y syrjeri wrth gynghori'r claf. Bu cyfnod pan ges innau yn blentyn gyfres o anhwylderau ar yr ysgyfaint – broncitis fwya. Ymateb cyntaf fy nhad-cu oedd taflu'r paced Woodbine a rhoi'r gore iddi am byth, a hynny heb yr un ffwdan. Gwn beth yw ymrafael â rhoi'r gore i smygu ac rwy'n edmygu ei safiad yn fawr, ond rwyf hefyd yn ymfalchïo fymryn fy mod i'n ddiarwybod wedi gwneud cymwynas fach ag ef.

Gwn iddo fod yn ddigon gofalus ohonof innau. Cefais ddamwain tra oeddwn yn blentyn wrth chwarae ar gadair siglo hardd a hynafol a fu'n eiddo i'r teulu ers oes yr arth a'r blaidd. Ymateb ansentimental Tad-cu oedd llifio'r siglen. Cadair sefydlog yw hi erbyn hyn, os ychydig yn rhy isel i fod yn gyfforddus! Byddaf yn meddwl am Tad-cu o'i gweld.

Roedd yn ddarllenwr mawr ac eang ac mae'r llyfrau a adawodd ar ei ôl yn dyst i hynny – *Encyclopaedia Britannica* a nofelau Dickens yno'n smart mewn lledr. Roedd yn gyfarwydd â gwaith Daniel Owen ac mae'r rhesi o gyfrolau amrywiol yn brawf o'i ddiddordeb mewn gwleidyddiaeth. Yn ystod fy nghyfnod innau yn y coleg, bu galw am gopi o *Cannwyll y Cymry* gan y Ficer Prichard. Gwefr i mi oedd dod o hyd i gopi cynnar iawn yng nghasgliad Tad-cu.

Cofiai benillion dirifedi a phob un yn gymwys at ryw achlysur neu'i gilydd. Hwn ddaw i'r cof nawr:

Da am dda sy'n dra rhesymol,
Drwg am dda sy'n anghristnogol,
Drwg am ddrwg sydd yn gythreulig,
Da am ddrwg sy'n fendigedig.

Rwyf eisoes wedi mynegi mewn cân fy nheimladau am Tad-cu. Mae'n crybwyll 'y gored', lle treuliodd Tad-cu a minnau oriau maith yng nghwmni'n gilydd yn archwilio'r dyfroedd ar lan afon Tawe. Cyfansoddais y gân 'nôl ym 1983 ryw naw mlynedd ar ôl iddo farw. Mae ei bresenoldeb hyd heddiw mor gyson â'r lleuad a'r cof amdano ynghlwm â'r teimladau oll am y filltir sgwâr a'n diwylliant a'r iaith. I mi, mae'r grym a ddaw o hynny'n rhywbeth agos, diriaethol bron.

Ces i brofiad rhyfedd sy'n ymwneud â'r gân 'Tad-cu' un tro. Rwy'n petruso cyn rhoi'r hanes. Er i mi fwynhau straeon am y goruwchnaturiol erioed, does gen i fawr o goel go iawn ar eu cynnwys. Ond ym 1984, roeddwn yn gyrru'n ôl o'r Wyddgrug i Gaerdydd. Ro'n i ar ganol recordio *Rhywbeth o'i Le*, ac roedd sesiwn arall yn y stiwdio i ddod yn fuan. Er mwyn hwyluso'r daith dyma wrando ar rai o'r traciau amrwd oedd gen i'n barod ar gasét. Roedd hi'n noson drawiadol olau leuad, glir, ac wrth adael Henffordd a dringo'r tyle hir hwnnw am y de, dyma'r recordiad cyntaf o'r gân 'Tad-cu' yn dechrau chwarae. 'Dyna gyd-ddigwyddiad pleserus,' rwy'n cofio meddwl wrth edrych drwy ffenest y gyrrwr ar y lloer hudolus. Wrth ymgolli yn y profiad, digwyddodd rhywbeth anarferol iawn. Rwy'n tyngu ar fy llw hyd heddiw i'r gerddoriaeth beidio am ennyd ac yn y saib, roedd llais Tad-cu i'w glywed mor glir â phetai'n eistedd wrth fy ymyl. Does gen i ddim amgyffred o'r hyn ddywedwyd ond llais Tad-cu oedd yno.

Ar unwaith, dyma dynnu i mewn i ochr y lôn a chlustfeinio eto am nam neu doriad yn sain y tâp; ond doedd dim diffyg ar y tâp. Ches i'r un profiad tebyg cynt na wedyn a chroesawn unrhyw esboniad rhesymegol. Bodlonaf ar ddychmygu bod Tad-cu rhywsut wedi cael gair bach tawel â mi. Does ond gobeithio ei fod yn hapus â'r gân.

Erbyn dechrau'r saithdegau, roedd iechyd Tad-cu yn dirywio ac erbyn haf '74 roedd y cyfnodau'n gaeth i'r gwely'n fwy mynych a hir. Gorweddai yno â'i lyfrau a'i bapur, a'r prawf criced rhwng yr India a Lloegr ar y teledu bach du a gwyn. Does gen i'r un cof o ba dîm roedd e'n ei gefnogi ond gallwn fentro dyfalu. Rwy'n cofio i Mam sôn unwaith am y tro cyntaf iddi fynd â 'nhad adref. Geiriau cyntaf Tad-cu wrth i Dad groesi'r rhiniog oedd: 'Beth 'sda ti fan 'yn, Caryl, dyn ne Sais?' Cymro Cymraeg oedd Dad ar waetha'i enw estron, a bu chwerthin mawr. Heddiw, byddai'r mwyaf PC yn ein plith yn gwgu wrth glywed y fath beth, ond gwn yn iawn mai gwladgarwr iach ac eangfrydig oedd Tad-cu.

Rhyw ddiwrnod glawog o Fehefin dyma ddianc rhag

yr adolygu a chilio i ystafell Tad-cu am orig. Roedd wedi crybwyll wrthyf eisoes ei fod yn barod i ddianc o'r byd; 'Ys wetws Paul, "Mae'n gyfyng arna i o bob tu"'. Newydd torcalonnus wrth reswm, ond wrth edrych 'nôl gwn mai fy mharatoi oedd e. Ond y tro hwn, wrth ddychwelyd at yr adolygu, oedais am ennyd y tu allan i'w ddrws a'r cryd arna i wrth synhwyro rywsut fod y ffarwél hwn yn derfynol. Pan es i fyny eto ymhen rhyw hanner awr, roedd Tad-cu wedi mynd yn wael iawn ac ymhen ychydig mi gafodd ei ddymuniad a llithro'n dawel o'n gafael.

I mi, roedd Phil Allt-y-grug yn ymgorfforiad o'r gwerinwr dysgedig. Mae tueddiad y dyddiau hyn i fod yn ddilornus o'r syniad hwn. Caiff ei weld o dro i dro fel ystrydeb. Clywn am yr angen i newid delwedd Cymru a diosg hen fantell werinol y corau a'r pyllau glo. Clywch, clywch! I raddau; 'Ba sentimentaleiddiwch!' Eto, dyna oedd byd Tad-cu a dyna oedd natur ei gymdeithas. Bu iddo ymdopi â'r bywyd caled gyda dycnwch rhyfeddol a chafodd fywyd llawn a diddorol yn ei filltir sgwâr ei hun. Pwy fynnai fwy?

A dyna ei golli. Colli ei gwmni, ei feddylfryd, ei ddoethineb. Colli lliw, blas a sain ei gyfnod. Collais frawd a chyfaill mynwesol y diwrnod glawog hwnnw, do. Ond chollais i erioed mo Tad-cu.

Rhoddion Prin

Tyn y garthen dros dy gorff
Yn gynnes at dy ên
Bydd yn esmwyth yn dy gwsg
Breuddwydia gyda gwên
Ond yn fwy na hyn
Paid â bod yn syn
Os na gei di'r hyn a fynni bob dydd gwyn
Mae dyddiau felly'n ddyddiau digon prin

Pan fo gaeaf yn dy ben
A'r oerni'n brathu'n boeth
Sgen ti ddiffuantrwydd ffrind
I rannu yn dy loes?
Os cei di hyn
Cydia dithe'n dynn
Mae cariad felly'n gryfach na'r un grym
A ffrindie felly'n ffrindie digon prin

Dere'n agos ata i nawr
Dal fi eto'n gryf
Clywaf wres y galon
Sy'n curo ynot ti
Dwi ar goll fan hyn
Yn teimlo'n is na dim
I feddwl bo' ti yma bob dydd gwyn
Gen i mae'r rhodd
Y rhodd o'r rhoddion oll sydd fwyaf prin

© Cyhoeddiadau Sain

SI-LWLI O GÂN a ysgrifennwyd ym 1984 yw 'Rhoddion Prin'
a'r hyn sy'n ei gwneud hi'n nodedig fel si-lwli, o ystyried
fy mod i'n dueddol o ysgrifennu o brofiad personol, yw'r
ffaith iddi gael ei chreu ddeunaw mlynedd cyn geni Mari,
fy mhlentyn cyntaf, ac ugain mlynedd cyn geni Manon.
Alla i ddim bod yn hollol sicr o'r symbyliad ond mae hi'n
ymgais i roi cyngor bywyd i rywun. Dychmygir y 'rhywun'
hwnnw neu honno yn y pennill olaf wrth i'r llefarydd
gymell gwrthrych y gân i'w gofleidio. Un ai roedd rhywun
gen i mewn golwg neu roedd y dychymyg ar waith go iawn.
Dyfalwch chi!

Mae yn y gân elfennau o gysur y garthen, cydymdeimlad
ag iselder a chyngor i werthfawrogi ceraint, elfennau yr
oeddwn o bosib naill ai yn eu chwennych ar y pryd neu'n
teimlo i mi eu hesgeuluso mewn bywyd. Beth bynnag yw
hi, o blith fy nghaneuon, hi yw ffefryn fy mam. Dyw geiriau
o ganmoliaeth erioed wedi llifo'n naturiol i'm cyfeiriad i o'i
genau, ond bûm yn ddigon ffodus i dderbyn rhai 'rhoddion
prin' o werthfawrogiad ganddi parthed y gân hon.

Rwy'n meddwl y gallaf adnabod rhai nodweddion yn y
gân sydd i gyfrif am hyn. Mae'n bosib ei bod hi, rhywsut,
yn ymateb i'r elfen gysurlon sydd i'r gân a gall fod apêl iddi
o gyfeiriad arddull led glasurol y cyfeiliant. Mae'n amlwg i
mi bod dylanwad fy ngwersi piano ffurfiol ar y gân a Mam
fu'n gyfrifol am fy nghyflwyno i'r piano ac am fy nysgu am
flynyddoedd lawer, tan i'r arddegau gyrraedd ac i'r gwersi

droi'n gyfres o ddadleuon, ffyrnig yn aml, rhwng disgybl penstiff ac athrawes benderfynol. Er gwaethaf rhyferthwy stormydd garw'r gwersi piano a'r dadlau tanbaid, cefais oriau maith o bleser, cysur a maes o law, cyfleon yn sgil yr allweddellau. Mae'r diolch am hynny i Mam.

Athrawes ysgol uwchradd oedd fy mam yn ôl ei galwedigaeth a chanddi ddawn aruthrol fel pianydd. A hithau'n raddedig mewn cerddoriaeth ac yn ARCM o oedran ifanc iawn, o feddu ar anian ychydig yn wahanol mae'n bosib mai gyrfa broffesiynol wrth yr allweddell fyddai hi wedi ei dilyn. Roeddwn innau'n ddigon ffodus i fod wedi gwrando digon yn ei gwersi piano i ddeall ac elwa o'i dawn.

Mae'r piano yn gyfuniad diddorol o'r technegol a'r artistig. Rhagflaenydd y piano oedd y *clavier* ac yn debyg i'r *harpsichord* ar un wedd, oherwydd ei adeiladwaith ni fyddai modd mynegi deinameg gystal drwy'r offeryn hwnnw, sef yr hyn sydd, yn y bôn, yn rhoi mynegiant i ddarn cerddorol. Pan ddyfeisiwyd y *pianoforte* tua chychwyn y ddeunawfed ganrif, offeryn a allai trwy gynllun cain ei adeiladwaith fynegi'r 'piano' a'r 'forte', dyma alluogi'r unawdydd i ddod â bywyd a lliw i ddatganiad. Daeth yr allweddell yn offeryn a allai ymateb i gyffyrddiad y cerddor. Er mai offeryn taro yw'r allweddell o hyd o ran dosbarth offerynnau cerddorfaol, dyrchafwyd y *pianoforte* yn ddiau gyda'r datblygiadau technegol hyn. Daeth sensitifrwydd yn ofynnol wrth drin yr offeryn. Mater digon technegol yw dysgu a chofio enwau nodau, lle i ddod o hyd iddynt ar yr allweddell ac o ddarllen copi, ym mha drefn i'w pwyso. Dyna oedd' yr allwedd i'r *clavier*. Camp arall yw canu'r piano ac er nad yw fy nhechneg yn berffaith o bell ffordd, cefais fy nysgu gan Mam i fynegi cyflwr emosiynol a theimladau trwyddo.

Mae gen i stori gerddorol gwerth ei hadrodd sy'n ymwneud â fy mam. Y ffidil yw canolbwynt yr hanes a bu'r digwyddiadau hyn yn asgwrn cynnen rhyngom ers canol y saithdegau a minnau'n astudio'r ffidl dan law yr annwyl a'r dawnus Morgan Lloyd, Abertawe. Âi fy mam â mi a Rip y ci i Abertawe bob bore Sadwrn am awr o wers cyn anelu am y dref am sesiwn o siopa. Gyda'r ffidil yn ddiogel yn y car, câi Mam ei denu at fargeinion y ddinas a minnau at ei siopau beiciau modur. Er fy mod yn rhy ifanc o dipyn i yrru ar y lôn, roedd y wefr o ryfeddu at beirianwaith y bwystfilod sgleiniog, metalig a'u haddewid o gyffro gwaharddedig yn ysbrydoliaeth a'r arogleuon olew a phetrol a thraciau roc trwm y siop yn dyrchafu'r profiad ymhellach. Mor bell o fyd y ffidil oedd ffau dywyll yr angenfilod seimllyd.

Yn ystod y cyfnod penodol hwn, roeddwn yn paratoi ar gyfer arholiad uwch a thestun cryn rwystredigaeth i Mam oedd nad oeddwn yn ddigon cydwybodol wrth ymarfer. Yn wir, rhag cywilydd imi, byddai'r ffidil yn aml yn eistedd yn y car, heb ei chyffwrdd o Sadwrn i Sadwrn wrth i brysurdeb bywyd arddegyn gael blaenoriaeth ar draul y Kreutzer Studies a'r *scales* ac *arpeggios*.

Ar y Sadwrn cyn yr arholiad ar y dydd Mawrth, dyma ddilyn y ddefod wythnosol a chyfarfod â Mam y tu allan i'r siop feiciau modur ar waelod Constitution Hill, cyn dychwelyd at y car i fynd yn ôl i'r cwm. Wrth iddi gyrraedd, dyma dynnu ei sylw at ffenest y siop ac at feic ail-law ar gyfer marchogaeth oddi ar y lôn, peiriant y byddwn i, yn llanc pymtheg oed, yn rhydd i'w ddefnyddio ar wastatiroedd y glo mân. Chwerthin wnaeth Mam wrth anelu at y car a datgan yn ffwr-bwt y cawn y beic petawn yn ennill *distinction* yn fy arholiad ddydd Mawrth. Wrth holi ymhellach, daeth yn amlwg ei bod hi'n hyderus yn ei hanobaith. Rhyw sylw difeddwl wrth fynd heibio oedd e iddi hi ond i mi, cilagorwyd drysau gogoniant.

Erbyn cyrraedd gartref yng Ngodre'r-graig, roedd yr amheuon oedd wedi bod yn cyniwair yn ystod y daith ynglŷn â dilysrwydd ei her wedi troi'n strategaeth, a dyma lunio cytundeb rhwng Mam a minnau y bu'n rhaid i 'nhad ei arwyddo hefyd fel tyst. Clowyd y cytundeb yn fy mlwch personol yr oedd ei rif mynediad cyfrinachol gen i a minnau'n unig. Yn fy nhyb i, roedd y fargen wedi'i selio a'r her eisoes yn ysbrydoli ymarfer ffidil dygn a difrifol.

Bûm wrthi drwy'r Sadwrn a'r Sul yn canolbwyntio ar bob agwedd o'r dasg a chanu grwndi'r beic modur lledrithiol yn fy nychymyg, yn gefndir i berseiniau'r Handel a'r Vivaldi. Ni fûm yn bresennol yn yr ysgol chwaith ar y dydd Llun gan mor drwm oedd baich yr ymarfer ac mor benderfynol oeddwn. Bron nad oedd gwaed yn tasgu o flaenau fy mysedd. Gwawriodd dydd Mawrth a chanwyd y darnau a'r graddfeydd oll. Rhaid dweud i mi fwynhau'r arholiad o fod wedi paratoi i'r fath raddau, am dridiau dwys yn unig. Ymhen rhyw dair wythnos, daeth galwad gan Morgan Lloyd yn datgan newydd da o lawenydd mawr – i minnau beth bynnag. *Distinction*! Roedd gwep fy mam yn ddarlun o ddryswch; rhwng dau feddwl, rhwng dau ystum, rhwng dwy stôl balchder ac ofn. Dyma gyflwyno'r cytundeb a hawlio'r wobr.

Er y bu teilyngdod, nid anrhydeddwyd y cytundeb ac ni fu gwobr o feic modur ar sail y ddamcaniaeth na fyddwn yn goroesi o feddu ar y fath arf angheuol. Bu i Mam dalu'n ddrud am ei chamwedd achos dyna oedd dechrau diwedd fy ngyrfa fel feiolinydd. Er hynny, bu dylanwad y ffidil yn hirhoedlog. Pan ddaeth hi at drefniannau cerddorol fy nghaneuon, offerynnau'r gerddorfa oedd flaenaf yn fy meddwl ac at fy nghyfoedion yng ngherddorfa'r sir y gwnes i droi pan oeddwn i'n casglu aelodau'r adran bres. Mae'r trwmpedwr Andrew George a'r sacsoffonydd Ceri Rees yn gyfeillion da i mi hyd heddiw. Rwyf hefyd yn arbennig o falch bod fy nwy ferch, Mari a Manon, yn ogystal â dysgu'r piano wedi ymgymryd â'r ffidil a bod defnydd da o hyd i'r ddwy feiolin oedd gen i'n grotyn.

Er nad oes gen i gân yn benodol i Mam, mae'n deg dweud bod ei dylanwad yn treiddio trwy bob cân a ysgrifennais erioed. Ni fu'r berthynas rhyngom yn un esmwyth. Dadlau a choethan fu'n hanes ac fel y soniais, bu'r gwersi piano yn bair berw o anghytundeb o'r cychwyn. Clywsom oll rybuddion rhag derbyn gwersi gyrru gan riant ond roedd gwersi gyrru i mi gan fy mam ar y Patshys a minnau'n rhyw ddeuddeg oed yn ddigon heddychlon, gymaint oedd y gwobrau a'r addewid o ryddid ar bedair olwyn. Mater arall oedd caethiwed parlwr y gwersi piano. Hyd heddiw gallaf ddiolch iddi am ddyfalbarhau trwy'r stormydd gan i'r piano ar hyd y blynyddoedd gynnig mwy o ryddid i mi nag unrhyw gerbyd. O'i stôl ac yn ei sain, profais y teithiau brafiaf.

Yn rhannol oherwydd y berthynas chwyrn fu rhyngom, fy mam heb os yw'r dylanwad mwyaf ar fy mywyd. Fel pob unig blentyn, canolbwyntiwyd sylw'r aelwyd arnaf a doedd neb mwy sylwgar na fy mam. Mae manteision ac anfanteision i sylw o'r fath ond o ganlyniad i'r profiadau bore oes hyn, pan ddaeth hi at fagu fy nheulu fy hun roedd cenhedlu mwy nag un yn dipyn o flaenoriaeth. Wrth fanylu ryw ychydig ar hanes fy mam, rhaid cyfaddef bod yma ryw deimlad o hunangymorth – mae'n siŵr bod yma wledd i'r seicolegydd ac arwyddion ddigon o natur fy nghymeriad innau.

Ganed Mam ym 1922 yn y cartref teuluol, y tŷ y mae hi'n byw ynddo yn gwbl annibynnol hyd heddiw. Mae'n rhaid bod y genynnau i raddau helaeth i gyfrif am hyn ond mae'n siŵr bod y cyfuniad o 'fwydlen rhyfel', llwyrymwrthod â'r ddiod gadarn a pheidio ysmygu wedi cyfrannu at ei hirhoedledd. Soniais eisoes am fy nhad-cu, ond ni chefais y cyfle i gyfarfod â Margaret, ei mam, gan iddi farw yn gymharol ifanc a chyn fy ngeni wedi iddi ddioddef niwed i'w chalon yn ferch ifanc o ganlyniad i gryd cymalau gwynegol.

Roedd gan fy mam ddau frawd, Wiliam John a Lin. Er bod gan Lin fab a merch, fy nghefndryd Rhodri a Rhiannon, nid oedd gan Wncwl Wil a'i wraig, Anti Mair,

blant. O ganlyniad, llenwyd y bwlch gennyf i a bu Wncwl
Wil a minnau yn gyfeillion agos. Roedd yn gyn-löwr ac
wedyn yn yrrwr peiriannau cawraidd yr *open cast*. Fel y
lorïau trymion hynny, roedd yn ddyn mawr, cydnerth.
Dyn annwyl a thyner ydoedd hefyd ac er gwaetha'i faint,
roedd rhyw olwg fregus i'w weld yn ei lygaid o dro i dro.
Roedd yn un a ymfalchïai yn ei waith a phan ddaeth hi'n
amser iddo ymddeol, fel llawer un arall yn yr un setyllfa,
cafodd drafferth addasu i fywyd o hamdden. Daeth cysgod
iselder drosto a bu blynyddoedd ei ymddeoliad yn dipyn
o her iddo. Er yr annhegwch trist hwn, brwydrodd Wncwl
Wil yn ddewr tan ei farw ac yntau dros ei bedwar ugain
oed.

Roedd Wncwl Wil yn dipyn o gricedwr yn ei ddydd a
phan sylwodd fy mod i'n dangos addewid fel bowliwr,
aeth ati i'm hyfforddi. Iddo ef y mae'r diolch am unrhyw
gywirdeb yn 'hyd a llinell' fy mhelawdau lu ac yn wir,
doedd neb balchach nag ef pan gefais fy newis i fod yn
'Swansea Valley Schoolboy' yn yr ysgol gynradd. Roedd tîm
fy mlwyddyn yn Ysgol Gyfun Ystalyfera yn un nodedig a
gafodd gryn lwyddiant dan ofal y Prifardd Robert Powell,
Mr Lloyd Williams a Mr John Evans. Gwn fod Wncwl Wil
wrth ei fodd yn fy nysgu ac roeddwn innau wrth fy modd yn
ei gwmni yntau ar barc Godre'r-graig.

Yn debyg i'w dad, roedd Wncwl Wil yn wladgarwr a
chenedlaetholwr eangfrydig ac yn heddychwr wrth reddf.
Cyfnod cythrwfl Y Malvinas oedd hi ac Wncwl Wil a finnau'n
atgyweirio wal fach wrth ymyl y garej yn New Street. Wrth

i mi gymysgu'r sment, daeth adroddiad newyddion ar y radio bach yn sôn am y datblygiadau diweddaraf wrth i'r brwydro boethi. Mae'n rhaid bod Wncwl Wil â'i lygad ar y posibilrwydd y byddai gorfodaeth filwrol a gofyn i minnau ymuno yn y gad. Rhaid cofio na fu Wncwl Wil erioed o dan faich rhyfel. Yr hunllef ddyddiol o dan ddaear oedd ei gyfraniad ef i ymdrech filwrol yr Ail Ryfel Byd. Ni fu erioed o dan ddylanwad jingoïstiaeth y peiriant milwrol na chwaith reolaeth meddylfryd y fyddin. Yn dilyn saib ar ôl adroddiad newyddion, daeth ei gyngor:

'Paid di mynd yn agos atyn nhw cofia. 'Na 'gyd sy' ishe ar rhein yw cap a band a fflag a ma' nhw'n hapus. Gat' ti nhw yn y man.'

Cyngor da gan ddyn mwyn ac mae gen i gof mai 'Oliver's Army', Elvis Costello oedd trac nesa'r donfedd.

Mae 'Wiliam John' ar y recordiad *Dere Nawr* yn gân o deyrnged iddo. Diolch i chi am yr holl gyngor, gofal a chyfeillgarwch, Wncwl Wil.

A Mam wedyn, ei chwaer. Nid â thafod-yn-y-boch y soniaf am y berthynas 'frwydrol'. Gellid hyd yn oed addasu'r gair ryw fymryn i 'ffrwydrol' am ddisgrifiad yr un mor ddilys. Bydd unrhyw un sy'n adnabod fy mam yn dyst i'r ffaith ei bod hi'n gymeriad cryf a phenderfynol. Athrawes ysgol uwchradd oedd hi wrth ei galwedigaeth a hynny mewn ysgol ramadeg. Er ei direidi, roedd y cysyniad o 'ddisgyblaeth' ym mêr ei hesgyrn ac o bryd i'w gilydd, deuai o'i gwaith bob dydd i lywodraethu yn y cartref hefyd. Os oedd fy mam yn un am ddisgyblaeth, daeth i'r amlwg fy mod innau'n un am wrthryfela a chicio yn erbyn y tresi. Y canlyniad oedd i Rif Un, New Street droi yn faes y gad. Deuthum yn arbenigwr ar ryfel *guerrilla* yn y gegin. Wna i fentro y byddai hyd yn oed ambell i gydnabod agos yn synnu'n fawr at dymheredd y coethan pe byddent yn dyst i'n sgarmesi mwyaf tanbaid. Synnent hefyd at ba mor sydyn y mae'r dadleuon eirias hyn yn peidio gan droi yn sgyrsiau am y materion mwyaf cyffredin megis yr olygfa drwy'r ffenest, dishgled o de neu be gawn ni i ginio.

Roedd gwrthwynebydd arall ar yr aelwyd, er mai un cyndyn iawn oedd yntau. Fy nhad oedd y gelyn hwnnw. Roedd hwn o natur wahanol i mi, un tawedog oedd yn benderfynol o fyw'r bywyd cartref tawelaf posib. Yn anffodus, tân ar groen fy mam oedd hyn ac uffern fy mam i'w gweld yng ngwên ei lygaid. Dim ond gŵr bonheddig welais i ym mhob ymwneud â 'nhad ond gwn fod elfen ddigon lletchwith yn nwfn ei fod yntau hefyd, a bu hyn yn achos sawl cynnen ddifrifol ar hyd y blynyddoedd.

Rhag i mi feio eraill yn llwyr am faes y gad yn New Street, rhaid cyfaddef na fûm i erioed yn fodel o fab. Bu cyfnodau digon anystywallt yn fy mywyd ac rwy'n llwyddo hyd heddiw ar adegau i gynnal cysondeb yn hyn o beth. Mae enghreifftiau o'r arfer o gicio yn erbyn y tresi yn britho'n hanes fel teulu, rhai ohonynt yn rhy boenus i'w hailadrodd, ond cefais f'atgoffa o un hanesyn yn ddiweddar pan ymwelais â'm hen ystafell wely. Mae ffenest yr ystafell yn wynebu Ffordd Cwm Tawe, 'Yr Heol Newydd' fel y'i gelwid yn lleol, gan iddi gael ei hadeiladu fel ffordd osgoi yr hen briffordd a gaewyd yn dilyn tirlithriadau'r mynydd. Arweiniai'r ffenest at do gwastad estyniad y gegin a'r ffenest hon oedd fy mhorth; yn fynediad i'r tŷ pan nad oedd gen i allwedd ond yn bwysicach fyth, fy nihangfa yn wyneb caethiwed.

Mi gofiaf un nos Wener, ar ôl cythruddo fy mam eto mewn rhyw ffordd neu'i gilydd, mai fy nghosb oedd hepgor y daith wythnosol i'r Aelwyd, rhyw dair milltir i ffwrdd ym Mhontardawe. Fy ymateb, wrth i fy mam draddodi'r ddedfryd, a hithau'n dal i daranu, oedd agor fy ffenest, llithro drwyddi ar draws y to ac i lawr y biben law i'r ardd. Herc dros y wal a dyna'r lôn o dan fy nhraed. Wedi cyrraedd ochr draw'r lôn, dyma ymestyn bys bawd gobeithiol ac wrth i Mam alw drwy ffenest fy nihangfa, dyma fodur MGB gloyw yn aros o'm blaen, ei do i lawr a'r gyrrwr gwalltog yn estyn gwahoddiad i'r sedd flaen. Roeddwn eto i ddarganfod Kerouac ond i fewn â fi a bant â ni am y gorwel; ond yn llai rhamantaidd o bosib, yr Aelwyd.

Efallai nad oeddwn yn fodel o ddisgybl tra o fewn muriau'r ysgol chwaith. Plesiwn fy hun ar y cyfan a derbyn yn raslon pan oeddwn yn haeddu cerydd. Roedd un eithriad fodd bynnag, a'r tro hwnnw, cefais gam. Cawsom ni ein dau gam – fy nghyfaill David Lloyd (brawd Sian Tywydd) a minnau. Dyma hanes enwog 'Y Drws'.

Tra ym mlwyddyn gyntaf y chweched, yn dilyn ein gwers Saesneg cyn cinio, roedd yn draddodiad gennym rasio am y gorau tuag at y ffreutur mewn cystadleuaeth i gyrraedd blaen y gwt. Roedd yn arfer digon diniwed a'r coridorau'n wag gan ein bod yn achub y blaen ar y rhelyw. Y gamp oedd i bwy bynnag a oedd ar y blaen gau drysau'r coridor ar ei ôl er mwyn arafu'r llall. Fi oedd ar y blaen ar y diwrnod tyngedfennol hwn. Gwibiais trwy un o'r drysau dwbl y tu allan i'r labordy cemeg gan ei hyrddio ar gau y tu ôl i mi. Gwyrodd Dai am y drws arall heb wybod bod hwnnw ar glo. Rhedodd yn glep i mewn iddo gan ei chwalu'n rhacs. Wrth glwyed y ffrwydriad, euthum yn f'ôl, ei godi a'i gludo am y ffreutur cyn i unrhyw athro allu ein coleru. Pe bai'n gêm rygbi heddiw, byddai Dai wedi'i dywys o'r cae am archwiliad pen.

Am ryw ddeng munud, a ninnau'n casglu ein cinio, roeddwn yn dechrau meddwl i ni gael dihangfa. Nid felly y bu. Yn anffodus, cawsom ein gweld a'n bradychu gan rywun, a gaiff aros yn ddienw, a oedd ar y coridor oherwydd iddi gael ei thaflu allan o'i dosbarth Cemeg am ryw gamwedd neu'i gilydd. Beth ddigwyddodd i anrhydedd ymysg troseddwyr?

Treuliodd David Lloyd y prynhawn yn swyddfa'r nyrs a minnau yn argyhoeddedig bod storom ar y gorwel oherwydd fy mod wedi cael fy nghadw yn y fyfyrfa rhag mynychu fy mhedair gwers Economeg. Yn wir, pan ganodd y gloch ar ddiwedd y dydd, a minnau'n cadw fy llyfrau yn barod i anelu am adref, daeth Mrs Valerie Williams i'm gorchymyn i aros lle'r oeddwn.

Ymhen hir a hwyr, fe'm galwyd i swyddfa'r prifathro, Mr W. J. Harries. O amgylch ei ddesg eisteddai ei ddirprwyon a Mr Wyndham Rees, careirydd y rheolwyr. Daeth yr ergyd olaf wrth i mi droi fy mhen i'r chwith a gweld neb llai na Mam yn eistedd yno!

Sefais yno'n gwrando ar y cyhuddiadau gan gynnwys yr haeriad i ni dorri'r drws yn fwriadol. Daeth tystiolaeth o hyn gan yr athro Ffiseg, yr annwyl ddiweddar Mr Wiliam Morgan, a hynny ar ffurf diagram a ddangosai fod y grymoedd dan sylw yn profi, y tu hwnt i unrhyw amheuaeth, ein bwriad maleisus. Roeddwn mwyaf sydyn yn falch i mi ollwng Ffiseg ar ôl fy Lefel O.

Mi gododd y natur ynof yn ferw gwyllt. Wedi fy ysbrydoli gan T. Rowland Hughes yn fy ngwersi Cymraeg, dyma efelychu geiriau anfarwol William Jones wrth iddo gyrraedd y pen ac awgrymu i'w wraig ddiog i 'gadw dy blydi chips'. Dyma floeddio ar W. J. syn, druan, 'stwffwch eich blydi ysgol!' a'i gwadnu hi drwy'r drws. Mam druan oedd ar ôl i dderbyn y ddedfryd. Cawsom ein diarddel o'r ysgol y diwrnod hwnnw.

Rhaid dweud fy mod yn ddisgwyl tynged waeth wrth wynebu fy mam nôl yn New Street ond, er syndod, nid felly y bu. Chwarae teg iddi, mi welodd ffwlbri'r ddefod ryfedd yn swyddfa'r prifathro. I goroni'r hurtrwydd, cawsom ein gwahodd yn ôl i'r ysgol y dydd Llun canlynol.

Rwy'n falch nad yw fy mhlant wedi etifeddu fy nhueddiadau arddegol – hyd yn hyn a hyd y gwn i beth bynnag. Mae gen i si-lwli yr un i'r ddwy ohonyn nhw hefyd, sef 'Cân i Mari' a 'Manon'. Yn wahanol i 'Rhoddion Prin', deilliant o adnabyddiaeth a phrofiad uniongyrchol o'r testun. Roeddwn i'n gymharol hwyr yn dod yn dad. Yn rhyfedd iawn, roeddwn i'r un oedran â'm tad i fy hun yn dechrau planta, sef deugain a dwy oed – cyd-ddigwyddiad heb ei gynllunio. Buom yn ymdrechu am gyfnod hir a bu Corrie, fy ngwraig, trwy lawdriniaethau amrywiol cyn bod modd ystyried cynllun IVF. Bydd y sawl sydd wedi bod drwy'r profiad yn ymwybodol nad yw'r broses honno yn un bleserus o bell ffordd, ond mae'r addewid yn cynnig gobaith i deuluoedd. Roeddem ar fin penderfynu p'un a ddylen ni fynd amdani am y trydydd tro yn dilyn dau fethiant, pan ddaeth y newydd da o lawenydd a syndod mawr ein bod wedi beichiogi'n naturiol. Clywsom maes o law fod hon yn ffenomen led gyfarwydd ac yn wir, mae wedi digwydd i fwy nag un cyfaill ers hynny. Boed hynny yn destun gobaith i unrhyw ddarllenydd sy'n wynebu'r un her. Cystal ychwanegu bod Corrie yn ystod y cyfnod hwnnw wedi ymgynghori â pherlysieuwraig Tsieinïaidd, a bu 'perarogleuon' dwyreiniol yn meddiannu'r tŷ am gyfnod wrth i'r llysiau ecsotig a ddarparwyd fudferwi yn y gegin cyn llowcio'r cawl. Mae fy llygad chwith newydd gau yn reddfol wrth gofio'r orchwyl er nad fy mhleser i o gwbl oedd y llowcio! Pwy a ŵyr a oedd gwerth yn yr aberth hwnnw ai peidio ond dan yr amgylchiadau onid yw ffydd yn rym?

Pan aned Mari, ar ôl hirymaros, roedd cael ei chroesawu yn brofiad ewfforig. Daeth llifeiriant o gariad pur yn ei sgil a maes o law daeth ei chân i fodolaeth ar lif yr ymwybod. Un ddigon oriog yw Mari o hyd ac mae'r holl brofiad o safbwynt amgylchiadau ei chreu a'i disgwyl yn dod i gof yn fynych iawn. Pa ots, ni phylodd erioed y llawenydd o'i gweld hi y tro cyntaf.

Cân i Mari

Dyma ni, mi ddaethost ti
Ro' ti wedi cyrraedd eisoes yn fy mhen
Yn edrych heibio'r llen

Dyma ni'n d'adnabod di
Egin cenedlaethau yn dy liw
Hen wynebau'n dod yn fyw

All mo'r aur na'r perlau drud
Iro'r siwrne trwy dy fyd
Derfydd arian, derfydd aur
Gennym enaid, gennym law
'Mond i tithe estyn draw
Dyma'r geirie, dyma'r gair

Dyma fywyd, dyma rawg
Dyma i ti'r cyfan oll sydd gennym ni
Yn sŵn dy iaith o gylch y tŷ

Dyma d'adeg, dyma d'awr
Yn y plentyn cyfrinache'r fuchedd hon
Dysgwn ninne ger dy fron

Bydd wych, bydd ddoeth, bydd gry'
Bydd gryf yn y cariad hwn
Yr un a wn fydd yma byth i ti

© Huw Chiswell

Daeth yr un cariad yn sgil y newyddion rhyfeddol bod Manon am gyrraedd rhyw ddwy flynedd namyn deufis yn ddiweddarach. Daeth pwysau i gyfansoddi cân iddi hithau hefyd a bûm yn osgoi ei chyfansoddi am dro er mwyn ceisio diosg yr elfen honno o reidrwydd; ond fe'i ganed liw nos yn gwbl naturiol.

Manon

Mae'n huno mewn breuddwyd bêr
Heddiw 'mond rhith o olau aur
Mae heno yn fyd o sêr
Gofod heb gwmwl, glaw na gair

Clir yn fy meddwl i
Yw'r darlun ohoni hi

Manon yn rhedeg
Awel dydd yng ngwallt ei phen
A'i golwg fry at fwa'r nen
Beth i mi ond dilyn ôl ei thro'd
Oes pwrpas arall heddiw tan y rhod?

Daeth heddiw yn rhodd drachefn
A gweled ei gwedd fel codi haul
Deffro i fyd y drefn
Mae'r dyddiau 'ma'n disgyn fel y dail

Sgubo trwy 'meddwl i
Llawenydd ei nabod hi

Manon yn rhedeg

A beth i mi ond dilyn ôl ei thro'd
A'm calon yn methu curiad glân bob tro

Manon yn rhedeg

A beth i mi ond dilyn ôl ei thro'd
Daw y dydd pan na all hynny fod

© Cyhoeddiadau Sain

119

Tra bod 'Cân i Mari' yn disgrifio'r profiad a'r teimladau a ddaeth yn sgil ei chyfarfod ar achlysur ei genedigaeth, deillia cân Manon o'r fraint o'i hadnabod dros gyfnod fel y ferch fach a redai ar hyd yr ardd, ei phen yn yr awel a'i llygaid tua'r nen, fel petai'n sawru pob gronyn o'r diwrnod yn ei holl ogoniant. Er i'r ddwy ferch fach brysur dyfu'n fenywod, yn un ar bymtheg a phedair ar ddeg, does fawr o newid yn eu hanian. Yn wir, wrth edrych ar Mari o ryw ongl, hyd y dydd heddiw, yn ei hosgo daw fflach yn aml o'r tro cyntaf erioed i mi ei gweld a hynny trwy ryfedd wyrth y teclyn hwnnw yn Ysbyty Llandoche fu'n taenu'r lluniau cyntaf ohoni yng nghroth ei mam.

Bu un newid yn Manon a hynny yn ystod ei phlentyndod cynnar gan beri cryn ofid ar y pryd, ac os bydd adrodd ei stori yn gymorth i ddim ond un rhiant, mi fydd hynny'n ddigon.

Pan ddaeth hi'n gyfnod dechrau siarad, roedd datblygiad Manon yn gwbl arferol. Daeth y geiriau cyntaf yn ôl y disgwyl, os nad fymryn yn gynt na'r arfer; ond yn sydyn, peidiodd pob gair a doedd dim sôn am y nesaf. Gwyddwn ei bod hi'n meddwl ac yn gallu ymateb ond bu mudandod. Achosodd hyn benbleth i'r meddygon a'r arbenigwyr a rhai yn amau awtistiaeth. Bu profi a chrafu pen am bron i flwyddyn tan i un meddyg, diolch amdani, gynnig prawf gwaed ar gyfer gwenwyn plwm ac yn y man daeth canlyniadau oedd yn dangos lefel uchel iawn o'r elfen honno yng ngwaed Manon. Dyma ddeall bod tir ardaloedd ôl-ddiwydiannol de Cymru yn dueddol o gynnwys dwysedd uchel o blwm. Pan fydd pridd yn treiddio i system plentyn, daw cyflwr o'r enw pica, sy'n achosi i'r plentyn chwennych mwy. Daeth bwyta pridd yr ardd yn arfer i Manon gan osgoi sylw rhieni neu warchodwyr. Gydag amser a gwyliadwriaeth graff, daeth y geiriau a daeth Manon yn ôl atom trwy'r niwl. Bu pob eiliad o gwmni Manon yn drysor waeth bynnag ei chyflwr. Mae hi hyd heddiw yn unigolyn unigryw, diddorol a digon heriol, mae'n dda gen i ddweud, ond does dim mymryn o ôl y dyddiau trwm a thywyll hynny o ansicrwydd arni. Diolch i ryw ragluniaeth o bosib, ond diolch yn sicr i'r Gwasanaeth Iechyd penigamp yr ydym mor ffodus ohono a diolch o galon i'r meddyg da.

Peth rhyfedd yw newid enw mam. Gyda dyfodiad y plant, aeth Mam yn Mam-gu. Eto, yr un fam yw hi. Yr un yw'r gagendor oedran ac er i mi roi cymorth iddi o bryd i'w gilydd wrth iddi ddod allan o'r modur, yr un yw'n statws cymharol pan ddaw hi at benderfyniadau teuluol. Mae yna gyfnodau o dawelwch yn llygad y ddrycin barhaus. Bûm yn ymweld â hi yn ddiweddar ar ddiwrnod heulog o wanwyn cynnar. Ar ôl mwynhau cinio yn yr Ynyscedwyn Arms, Ystradgynlais, a rhyw fân ddadl neu ddwy mae'n siŵr, dyma anelu at fynwent Allt-y-grug, lle claddwyd fy hen, hen dad-cu. Doedd gen i'r un cof o fod yn y fynwent anghysbell hon sy'n gorwedd yn uchel ar y mynydd, tu hwnt i dai uchaf Ystalyfera, ac ni fu Mam yno ers tro byd chwaith. Dyma anelu at fainc yn y pen pellaf er mwyn i Mam gael eistedd tra 'mod innau'n chwilota am fedd y cawr John Williams a'i bwten o wraig, Meri Ann. Pregethwr lleyg a dirwestwr pybyr oedd John Williams, y cyntaf o'r teulu a aned yn Ystalyfera ar ôl y mudo o Dalyllychau. Eisteddodd Mam yn yr haul yn edrych draw drwy'r pinwydd ar fynydd braf y Darren Widdon gyferbyn a cherddais innau, bron yn reddfol, heibio i sawl bedd arall a sefyll yn union o flaen bedd ei thad-cu. Sgwn i a fûm yno o'r blaen wedi'r cyfan? Bydd yr orig honno yn llygad yr haul ar Fynydd Allt-y-grug yn y cof am byth ond diolch i dechnoleg yr oes hefyd am roi'r cyfle i'r plant, trwy lun yr *iPhone*, rannu'r eiliad.

Drwy'r cwbl, fy mam yw fy ffrind pennaf ac ni ddymunwn newid yr un agwedd ar ein perthynas o goethan a chymodi heb air na dal dig. Do, mi gefais roddion ddigon gan fy mam ac fe'm bendithiwyd gan y ddwy rodd fwyaf pan ddaeth Mari a Manon. Gobeithio y cawn nhw hefyd gysur, rhywdro, yn neges y gân hon.

Rhywbeth o'i Le

Mi darodd ddeuddeg
Hanner nos
Tawel ar y meysydd distaw ar y ffos
Hanner nos
Does dim o'i le

Trem draw i'r mynydd
Fferm Pensarn
Anadl ola'r marwor yn diffodd ger y pentan
Ifan yn pendwmpian
Does dim o'i le

Ger tre fach Derry ar ryw stryd fach gefn
Gorwedda Deio
Bwled yn ei ben

Mae'r cwestiwn mawr yn atsain ym Mhensarn
Yn gofyn am yr ateb bydd ei fam

I be mae gwaed fy mab yn llifo'n oer?
I be mae'i gorff yn gelain o dan y lloer?
I be mae mam yn fam i blentyn y gad?
Mor bell o dir ei dad

Mi darodd ddeuddeg
Hanner dydd
Tawel ar y meysydd distaw ar y ffridd
Hanner dydd
Rhywbeth mawr o'i le

Trem draw i'r mynydd
Fferm Pensarn
Galarwyr yn eu du yn fudan ger y pentan
Syllu'n wag mae Ifan
Rhywbeth mawr o'i le

Ar dir yr eglwys tu draw i'r ffridd
Un bedd newydd
Deio yn y pridd

© Cyhoeddiadau Sain

Mae cyd-destun hanesyddol y gân 'Rhywbeth o'i Le' yn lled amlwg. Roedd cyfnod y saithdegau hwyr a'r wythdegau cynnar yn un ymfflamychol ar sawl cyfri wrth i Gymru wrthod datganoli ac i Thatcher ddod i rym, cyfnod pan welwyd tai haf yn fflamio, argyfwng y Malvinas a Streic y Glowyr yn garreg filltir nodedig yn ein hanes. Dros y dŵr, roedd Trafferthion Gogledd Iwerddon wedi bod yn berwi ers y chwedegau hwyr ac erbyn fy nghyfnod innau o ymwybyddiaeth wleidyddol roedd y cyfan yn ei anterth. Mae'r dyfyniad cyfarwydd hwnnw 'Boed i chi fyw mewn cyfnod diddorol' yn canu cloch wrth edrych yn ôl fel hyn. O bersbectif y presennol, nid yw'n syndod wrth i'r sefydliad a'i hen ffantasi ymerodraethol gynllwynio i greu argyfwng arall ar ein cyfer heddiw ar ffurf Brexit.

Er fy mod yn ystyried fy hun yn heddychwr ac yn anesmwyth iawn ynglŷn â'r cysyniad o drais mewn unrhyw achos, fel Cymro yn enwedig, roedd sefyllfa anghyfiawn Iwerddon yn fy nghorddi a gwybod bod Cymry yn cael eu tynnu i'r cawdel yn enw'r fyddin Brydeinig yn dân ar fy nghroen. Tra'n cydnabod y boen a'r galar affwysol oedd yn gysylltiedig â'r rhyfel ar y naill ochr a'r llall, rhaid hefyd edmygu gwerin a fynnai frwydro dros ei hunaniaeth yn wyneb gorthrwm imperialaidd. Mae hon yn farn sy'n codi gwrychyn rhai hyd y dydd heddiw ond yn fwy felly yng nghyfnod y gweithredu mwyaf ffyrnig. Methwn gysoni'r ffaith mai derbyniol oedd gwisgo crys-t Che Guevara tra'n ffieiddio at safiad gweriniaethwyr Gogledd Iwerddon.

Roedd y cyfryngau Prydeinig yn rym hynod ddylanwadol hyd yn oed yng nghyfnod print a theledu yn unig.

Roedd gen i deimladau cryf ynghylch cyfyng-gyngor gweriniaethwyr Gogledd Iwerddon tra oeddwn yn yr ysgol ond er bod ambell eithriad nodedig, roedd barn a ochrai gyda'r cenedlaetholwyr yn un led ymylol yng Nghwm Tawe ar y pryd, er gwaethaf traddodiad radicalaidd yr ardal. Roedd rhaid aros tan fy nghyfnod yng Ngholeg Prifysgol Aberystwyth ym 1979 cyn darganfod bod llawer iawn o'm cyfoedion o'r un farn. Mentraf i'r cyfnod hwn ger y lli gynnig agoriad llygad i mi ac atgyfnerthu fy naliadau gwleidyddol, os nad eu ffurfio.

Yn ystod y cyfnod hwn deuthum yn ymwybodol o gerddoriaeth weriniaethol Iwerddon trwy'r Dubliners, Moving Hearts a The Wolfe Tones. Nid oeddwn ymhlith y mwyaf diwyd o ran fy nghwrs yn Aber ac yn wir, yn ystod trydydd tymor fy mlwyddyn gyntaf, cyrhaeddais y ddarlithfa a derbyn, yng ngŵydd y darlithydd, gymeradwyaeth gan fy nghyd-fyfyrwyr. Gan i mi gwblhau traethodau'r flwyddyn ac am fy mod yn gyfarwydd â sefyll arholiadau gydag esgyrn gwybodaeth yn unig, llwyddais yn fy arholiadau. Er mwynhau y cyfnod o rialtwch yn Aberystwyth, penderfynais tua ddiwedd fy mlwyddyn gyntaf drosglwyddo i Goleg Prifysgol Abertawe – hyn i raddau helaeth er lles fy iechyd ac o bosib i ddianc i bwll lle llifai'r dŵr ychydig yn gynt. Ond atgofion da sydd gen i o'r Coleg Ger y Lli, ac mae gan y dref a'i machlud euraid a lawiai trwy ffenest f'ystafell ar lawr uchaf Neuadd Pantycelyn le annwyl yn fy nghalon.

Gadawodd y cyfnod yn Aberystwyth ei ôl arnaf a pharhaodd fy niddordeb yn hynt Gogledd Iwerddon trwy gydol fy nwy flynedd yn y coleg yn Abertawe, a llun un o furluniau trawiadol Belfast yn amlwg ar wal f'ystafell.

Daeth cyfle yn ystod y cyfnod hwn i wylio The Wolfe Tones, un o fandiau mwyaf ffyrnig weriniaethol y cyfnod, yn canu'n fyw yng Nghanolfan Hamdden Glannau Dyfrdwy. Roedd ffrwgwd y Malvinas yn ei anterth, ac yn ôl eu harfer roedd The Wolfe Tones wedi cyfansoddi cân ddychanol o'r enw 'The Rock' i nodi hanes y gwrthdaro twp. Ceisiodd Cyngor Glannau Dyfrdwy atal y cyngerdd oherwydd cynnwys y gân ddadleuol, ond aeth y noson yn ei blaen ar yr amod na fyddai'r gân yn cael ei chynnwys yn y *repertoire*.

Dyma drefnu tocynnau a thaith i'r gogledd-ddwyrain felly a syndod oedd gweld cynifer o wynebau cyfarwydd yn y dorf, yn ogystal â chyfarfod â chriw difyr o adar brith o dras Wyddelig o Birkenhead oedd yno i gefnogi heb wybod yn union pam. Roedd hi'n noson fywiog o gerddoriaeth egnïol y caneuon gwleidyddol. Cafodd y cyngor ei ddymuniad, ac ni chlywsom 'The Rock', hynny yw tan yr *encore* pan oedd hi lawer rhy hwyr i dynnu'r plwg!

Cwblhawyd cylch rhyw ddeng mlynedd yn ôl pan gefais wahoddiad i ganu mewn noson Wyddelig yn Y Gyfnewidfa Lo ym Mae Caerdydd gan rannu llwyfan gyda'r Wolfe Tones a chael y pleser o gyfarfod yr aelodau y bûm mor gyfarwydd â'u seiniau ers yr wythdegau.

Parodd yr hoffter o'r gerddoriaeth hon am flynyddoedd i ddod ac ar deithiau mynych yng nghwmni 'Pierce, fy

nghyfaill puraf', sef yr enwog John Pierce Jones. Bu 'The
Green Fields of France', 'Come Out Ye Black And Tans'
a 'Mcalpine's Fusileers' am gyfnod yn draciau sain i'n
crwydradau gan gynnwys un achlysur cofiadwy ar y Kilburn
High Road, ardal o Lundain sy'n ymdebygu'n fwy i Ddulyn
na Dulyn ei hun. Yn dilyn diwrnod cyntaf cwrs digon diflas
ar ysgrifennu ar gyfer teledu, o dan law brawd awdur
Americanaidd enwog, anelu am y Fleadh yn Finsbury Park
a wnaethom a galw am lymaid yn y Black Lion ar y ffordd.
Roedd hi'n brynhawn a'r dafarn yn orlawn o Wyddelod yn
yfed ei hochr hi wrth ddathlu'r diwrnod heulog, eisteddfodol
ei naws i gyfeiliant seiniau band traddodiadol a ganai ein
ffefrynnau gweriniaethol.

Wrth archebu dau wydraid tywyll, iachusol, er gwaetha'r
haul tanbaid a dwymai balmant y stryd, daeth i'r amlwg nad
oedd yr un cynhesrwydd o'n hamgylch ym mar y dafarn.
Yn sicr, nid oedd y croeso Gwyddelig traddodiadol yn ei
le. Gwrandasom ar ein greddfau a gadael y dafarn ar ôl un
ddiod sydyn iawn a'i heglu hi am yr ŵyl. Wrth fynd heibio
i siop gronel gyfagos, a werthai yr *Irish Times* yn ogystal â
chasgliad helaeth o deitlau Gwyddelig eraill megis y *Limerick
Leader* ac *An Phoblacht*, sylwasom fod nifer o'r penawdau'n
datgan bod Pearse McAuley a Nessan Quinlivan, dau aelod
o Fyddin Weriniaethol Iwerddon, wedi dianc o garchar
Brixton. Yr haeriad oedd iddynt gael lloches yn yr union
ardal hon. Sgwn i p'un a oedd ein hacenion estron wedi
codi amheuaeth mai heddlu cudd oeddem yn chwilio am
y ddau Wyddel a thybed a oedd cefndir John fel heddwas

ifanc rywsut wedi gadael ei ôl ac wedi cynnau golau ar radar y Gwyddel gwyliadwrus. Waeth bynnag, dyna'r naratif rhamantaidd a greasom ar y pryd o gylch ein hymweliad cyffrous! Dyddiau da.

Yn ôl yn nyddiau'r arddegau mae tarddiad y gân 'Rhywbeth o'i Le', dyddiau Ysgol Gyfun Ystalyfera, pan ganai cloch yr eglwys a nodau'r piano'n gyfamserol. Cyfnod pan dyfodd y diddordeb mewn offerynnau pres, sain sy'n ganolog yn nhrefniant recordiad 'Rhywbeth o'i Le'.

Tra oeddwn yn yr ysgol, yn ogystal ag astudio'r piano a'r ffidil, cefais awydd i ddysgu'r trwmped. O ystyried traddodiad cryf y bandiau pres yng nghymoedd de Cymru does dim syndod bod cysylltiadau teuluol niferus â'r traddodiad. Wedi'r cwbl, roedd dau fand pres safonol ym mhentref Ystalyfera yn unig a chryn gystadleuaeth, ffyrnig ar adegau, rhwng y ddau: y Public ar y naill law a'r Bliws ar y llall. Er eglurder, nid o ganlyniad i *repertoire* o ganeuon y felan y gelwid y band wrth yr enw Bliws. Yn hytrach, cyfeiriad at arfer llwyrymwrthodwyr o wisgo'r rhuban glas oedd hyn. Rhaid crybwyll nad yw llwyrymwrthod, yn fy mhrofiad innau o'r giwed, yn nodwedd amlwg o'r band pres! Mae'n rhaid bod yr oes wedi newid cryn dipyn. Roedd fy ewythr Dic yn fedrus iawn ar y tiwba, neu'r 'bi fflat bês' fel y'i gelwid, ac mae gen i gof ohono'n ymarfer o flaen y tân yn ei dŷ ryw hanner canllath i fyny'r heol yn rhif 10, New Street. Mae'n debyg hefyd i hen ewythr i mi ddatblygu'n wneuthurwr offerynnau pres yr oedd galw am ei grefft ledled Ewrop. Cafodd un arall o'm cyndeidiau glod arbennig gan

Toscanini ei hun am ddatganiad ar y corn. Roedd digon o ysgogiadau felly i brocio fy chwilfrydedd. Un o bleserau bod yn aelod o gerddorfa a chwarae gweithiau'r meistri yw cael clywed sain offerynnau amrywiol a chael ymdeimlad o'u cwmpawd a'u lle mewn cyfanwaith – rheswm arall dros gymryd golwg agosach ar offeryn chwyth. Y trwmped oedd y dewis yn y diwedd.

Cawn wersi dan law y cerddor Dr Hywel Lewis, oedd yn gymydog ac yn gyfaill i'r teulu. Fy mherthynas â'r trwmped, er mor fyr fu'r cyfnod hwnnw, sy'n gyfrifol am lawnder sain a phresenoldeb amlwg yr offerynnau pres sy'n llywodraethu ar fy recordiadau cynnar, *Rhywbeth o'i Le* a *Rhywun yn Gadael*. Deuai Hywel i'r tŷ i'm dysgu a than ei law, daeth siâp ar fy ngallu trwmpedol yn ddigon buan. Dysgai Hywel ar y pryd mewn ysgol ymhellach i lawr y cwm, sef Ysgol Cwmrhydyceirw. Yn ystod y cyfnod hwn, roedd yn digwydd bod yn paratoi ar gyfer sioe Nadolig yr ysgol ac o dan gryn bwysau pan sylweddolodd ei fod yn brin o brif drwmpedwr ar gyfer ei bedwarawd pres. Cefais gynnig llenwi bwlch y prif drwmped ac er mor amhrofiadol yr oeddwn, fe'm darbwyllwyd fy mod yn gymwys.

Roedd dau frawd â'r cyfenw 'Crocker' yn y pedwarawd a'r ddau yn meddu ar yr un wên barod. Prin oedd yr ymarferion ar gyfer y cyngerdd ac ni welais y naill Grocker na'r llall wedyn, ond daeth rheswm arall ymhen blynyddoedd i mi gofio'r ddau yn iawn.

Roedd hi'n fore Sadwrn heulog yn y cartref teuluol yng Ngodre'r-graig pan godais y *Western Mail* o'r llawr wrth y drws. Yno ar y dudalen flaen roedd adroddiad am filwr arall o dde Cymru a fu farw yng Ngogledd Iwerddon ac erbyn edrych ar y llun a'r enw oddi tano, sylweddolais mai Crocker oedd enw'r truan. Doedd fy adnabyddiaeth o'r ddau frawd ddim yn ddigon i 'ngalluogi i adnabod y milwr ar unwaith, ond i mi ar y pryd roedd arswyd gweld yr enw cyfarwydd a chofio'r ddau yn gwenu yn ddigon i godi'r cryd arnaf a'm hysgogi i fynd i ystafell flaen y tŷ ar unwaith ac at y piano.

Bu'r gân yn mwydo am gyfnod hir wedyn cyn cyrraedd ei ffurf bresennol. Penderfynais beidio ag adlewyrchu'r union hanes yn llythrennol yn y gân ond yn hytrach, ei gosod o flaen cefnlen fwy gwledig na Chwm Tawe, efallai er mwyn pwysleisio'r cyferbyniad rhwng diniweidrwydd a phurdeb diwylliannol y gymdeithas honno a grym militaraidd, trachwantus, ymerodraethol y sefydliad Prydeinig. Mae llawer o'r delweddau sydd ynddi yn perthyn i 'mhrofiadau personol i yn fy nghynefin. Er enghraifft, roedd gwylio 'anadl ola'r marwor', sydd yn y gân yn hebrwng tynged Deio wrth 'ddiffodd ger y pentan', yn brofiad cyffredin i mi'n blentyn. Dyma'r cyfnod cyn gwres canolog a dim ond un tân glo a wresogai'r tŷ. Daw'r ffaith honno i'r cof yn aml heddiw ar ambell fore oer o aeaf pan fydd codi o'r gwely yn cynnig her er gwaetha'r rheiddiaduron ar hyd y tŷ. Mae'n rhaid bod y cyfansoddiad dipyn mwy gwydn pan oedd gwisgo'n glou a rhuthro at y tân yn ddefod foreol! Mae'r plant yn crynu drwyddynt wrth glywed am y fath arswyd. Esblygodd y gân rywfaint yn ystod y cyfnod rhwng ei symbyliad a'i recordio ond mi gofia i guriad y llaw dde yn atsain hyd y tŷ y bore Sadwrn hwnnw.

Ac o sôn am am le'r trwmped yn fy mywyd, cystal crybwyll unwaith eto y ffidil yn ogystal. Bu'r ffidil yn rhan annatod o'm hymarweddiad tra oeddwn yn yr ysgol wrth i mi gludo'r casyn yno'n rheolaidd, ac ymhellach ar benwythnosau i sesiynau cerddorfa'r sir yng Nghastell-nedd ar nos Wener yn ogystal ag i'm gwersi yn Abertawe ar ddyddiau Sadwrn. Cludwn yr offeryn gyda balchder, er nad oedd y cyfuniad o'r casyn a'r sbectol bob tro yn denu'r math o sylw y byddai arddegyn yn ei werthfawrogi. Ond diolch i'r drefn, ar y cyfan dyw'r cyfuniad o gerddoriaeth glasurol a diddordebau eraill mwy garw ddim yn wrthun o gwbl i'r Cymry, a dyw'r cysyniad o gludo offeryn mewn un llaw a chit rygbi yn y llall ddim yn denu rhyw lawer o sylw.

Rhodd gan y capel oedd y ffidil, ac roedd balchder arbennig ac anrhydedd ynghlwm â derbyn offeryn oedd â chymaint o hanes a chyswllt personol iddo. Deilliai o gyfnod pan oedd modd i'r capel gynnal cerddorfa lawn a phrynu offerynnau o safon ar gyfer yr aelodau. Ymhen blynyddoedd cefais wybod mai offeryn o Ffrainc y ddeunawfed ganrif ydoedd a'i fod yn un o safon. Daw teimladau chwerwfelys wrth feddwl mai'r ffidil hon oedd yr olaf o gasgliad y capel ond daw cysur heddiw o wybod bod Manon, fy merch ieuengaf, dan ei hathrawes Gwenllian Richards o Gastell-nedd, yn sicrhau parhad i'r offeryn a'r hanes ac yn arddangos cryn addewid wrth chwarae yr union offeryn a ddaeth o Gapel Pant-teg. Diolch i'r ffidil am lu o brofiadau ar gyrsiau cerddorfa'r sir ac am roi'r cyfle i mi wneud cyfeillion newydd sydd erbyn hyn yn hen gyfeillion, nifer ohonynt yn aelodau o'r band.

Wrth gyfeirio at y ffidil, daw i'r cof atgofion am gyfaill mynwesol fy arddegau a grybwyllwyd yn gynharach. Deuai gyda ni ar bererindod y wers ffidil i Abertawe bob bore Sadwrn, a'i ben yn gwyro trwy ffenest y car, a'i weflau yn cyhwfan yn y gwynt ac yn glafoeriu wrth sawru'r arogleuon lu a ddeuai i'w ffroenau wrth wibio ar hyd y cwm. Rip oedd ei enw ac ef oedd ci y teulu.

Fel y soniais eisoes, nid y daith i'r wers oedd unig gyswllt Rip â'r ffidil. Roedd yn ymwybodol o'r pethau hynny a drysorwn fwyaf mewn bywyd ac o'u gadael yn y tŷ, heb wahoddiad i ymuno, anelai am y trysorau hynny. Un tro, ymosododd ar fy radio Bush annwyl a gadwai gwmni i mi o dan y dillad gwely yn yr oriau mân i gyfeiliant Radio Luxembourg. Roedd yn gi sylweddol a bwysai tua naw stôn a'i enau cryfion a'i ddannedd bleiddaidd yn gafael fel gefel am y radio. Ei gampwaith er hynny oedd y ffidil, nid ffidil y capel, diolch i'r drefn, ond ffidil wahanol yr oeddwn yn digwydd ei chwarae ar y pryd. Gadawodd ei ôl ar honno wrth gnoi talp o'i bôn oedd yn galw am lawdriniaeth ddigon drud i'w thrwsio. O'i adael, roedd gofyn cuddio unrhyw greiriau gwerthfawr, ond rhaid dweud i'w strategaeth fod yn llwyddiant ac anaml y byddwn yn ymddiried y tŷ i'w ofal.

Roedd sain y ffidil yn gyfeiliant i'w lais *countertenor* cain. Mynnai eistedd wrth fôn y stand fiwsig trwy gydol fy sesiynau ymarfer yn canu nerth ei ysgyfaint. Roedd ei leferydd yn ddolefus ar brydiau ac ni ellir ond gobeithio nad fy ymdrechion i oedd achos ei loes. Rhaid bod elfen ddigon masocistaidd i'w gymeriad gan nad oedd modd o gwbl ei gadw draw. Mynnai ei le ym mhob ymarfer.

Rwy'n cofio un Sul yn yr ystafell ymolchi. Wrth baratoi i fwynhau baddon poeth a dadwisgo'n barod i blymio, cododd golwg y dŵr yn llifo yr awydd arna i i golli dŵr a dyma droi at fasin y tŷ bach. Wrth i mi sefyll yno'n mwynhau'r rhyddhad, agorodd y drws. Gwerth crybwyll yma bod Rip, gan ei fod yn gwlffyn tal, yn gallu agor pob drws yn y tŷ heb drafferth – rheswm arall nad oedd modd ei gadw rhag yr ymarfer ffidil. Safai Rip yn y drws yn edrych yn syn ar ŵr y tŷ yn gollwng dŵr. Mae'n ddigon posib, yn ôl yr olwg ar ei wep, mai dyma'r tro cyntaf iddo weld rhywun yn noeth. Roedd fel petai rhyw geiniog yn disgyn o weld gwario un arall, a chyfuno dau ymadrodd cyffredin. Gwasgais ddolen y toiled a throi am y baddon. Wrth wyro i gau'r tap oer, synhwyrais bresenoldeb y tu ôl i mi a dyma fwrw golwg dros fy ysgwydd. Dyna lle'r oedd Rip, pedwerydd aelod y teulu, yn edrych arna i yn llawn balchder wrth godi'i goes ac anelu yn union i ganol y ddysgl! Fy nhro innau nawr oedd edrych yn syn. Roedd Rip yn adnabyddus yn y cylch a'r trigolion yn ei ystyried yn rhan annatod o dirlun y pentref. Roedd yn sicr yn rhan amhrisiadwy o'm hieuenctid.

Mae'r atgofion am yr hyn a fu yn flith draphlith drwy 'Rhywbeth o'i Le'. Felly hefyd hanes y gloch sydd i'w chlywed ar gychwyn y gân yn y recordiad gwreiddiol. Does gen i'r un cof penodol o ble y daeth y syniad am ddelwedd gerddorol y cordiau cychwynnol sy'n ffurfio rhagarweiniad y gân, ond gan fod modd ar adeg y cyfansoddi glywed cloch Eglwys y Drindod yn glir o barlwr y piano, mae'n rhesymol mentro mai efelychu sain y gloch ar yr allweddell oedd cychwyn y cyfan. Rwy'n cyfeirio at yr eglwys honno yn cael ei dymchwel ar gân. 'Dduw mawr mi dynnon nhw'r eglwys lawr' yw'r cyfeiriad ati yn 'Rhywun yn Gadael'. Ceisiwyd achub y gloch ei hun er mwyn ei harddangos yn eglwys pentref cyfagos, ond trwy esgeulustod fe'i torrwyd.

Tra oeddwn yn ffilmio yn ôl yn nechrau'r wythdegau ar gyfer rhaglen deledu oedd yn bortread ohonof, bûm yn yr eglwys a digwyddais gymryd llun o'r gloch yn canu a chipio'i sain hi tra'n bod ni wrthi. Lwc, rhagluniaeth a chysur yn un drindod a sain yr union gloch honno sydd ar gychwyn recordiad gwreiddiol trac 'Rhywbeth o'i Le'.

Mae'r gân yn golygu llawer iawn i mi am sawl rheswm. Roedd yn bwysig i mi gael datgan fy naliadau cynnar drwyddi ac mae hi rhywsut wedi atgyfnerthu fy egwyddorion parthed rhyfela a dylanwad yr 'Ymerodraeth'. Mae'n dân ar fy nghroen bod rhai o hyd yn ymfalchïo yn ei hanes gwaedlyd. Bu'n bleser ei chanu'n gyhoeddus am y tro cyntaf un yng Nghlwb Ifor Bach yn ôl ym 1983, ac mae'r wefr ar gerdded o hyd wrth glywed cynulleidfaoedd yn ymuno yn y gân. Boed i'w neges barhau i daro deuddeg!

Gadael Abertawe

Gadael Abertawe
Gyrru fel ffŵl
Rhywbeth wedi digwydd nawr
Methu cadw cŵl
Mae'n ddistaw yn y dre
Gwaedu yn fy sedd
Ddylwn wbod gwell na mynd i ganol pethe dwl

Syth drw' Sgwâr Dafaty
Cymryd heol y cwm
Sbardun ar y llawr yn awr
Dechre plygu'n grwm
San Pedr, Pontardawe
Oren yn y niwl
A'r lôn yn llifo tano'i
A'r car yn canu'i diwn

Munud ar ôl Ystrad
Cyrraedd Craig y Nos
Llyged ar y troeon bûm yn trafod gydol o's
Rhwbeth yn y gwrych
Rhywun estron yn y drych
Rhwng y ddau
Mae'r olwyn 'tae yn tynnu am y ffos

Ces i 'nghodi yn y capel
Ar air yr ysgol Sul
A rwy'n canu'r hen emyne

Pob cyfle rownd y rîl
Ddim yn ddyn crefyddol
Ond m'angen rhywun ar y wîl

Rwy' wedi colli 'nghrefydd
Ond dal i ddisgwl Duw
Mae gen i bwt o hunan-barch
Er i fywyd fynd ar sgiw
Nawr yn awr y gadel
Ma' angen rhywun wrth y llyw

Hosana
Iesu rho dy law ar fy mhen⁻
Rwy'n meddwl 'mod i'n mynd

© Huw Chiswell

MAE'R GÂN HON yn gawdel o brofiadau bore oes, y fagwraeth gapelgar, troeon trwstan a meddyliau am fywyd sy'n cyffwrdd â chrefydd a ffydd.

Abertawe yw'r 'dre' i ni hyd heddiw, er iddi ddod yn ddinas ym 1969 ac yn sir hefyd erbyn hyn. Tuag Abertawe yr anelwn i am unrhyw siopa na allwn ei gyflawni'n lleol ac am ddilladach, gwersi ffidil a maes o law, twrw a stŵr! I'r dre yr anelwn i wylio'r rygbi ar faes Sain Helen ger y môr, ac o bryd i'w gilydd i'r Vetch a'r pêl-droed.

Ond roedd y berthynas â'r ddinas yn un ddigon cymhleth; wedi'r cyfan, roeddwn i'n bell o fod yn Swansea Jack. Er mai dim ond rhyw ddeuddeg milltir i'r gogledd o Abertawe y mae Godre'r-graig, sarhad o'r mwyaf fyddai cael fy ngalw o bob enw yn 'Jack'. Dydw i ddim yn sicr pa mor bell i'r de y byddai gofyn teithio cyn i'r epithet hwnnw ddod yn dderbyniol chwaith. Roedd yn enw a ddefnyddiai ffrindiau o Bontardawe a Threforys megis arf yn erbyn cyfeillion mwy dinesig a hwythau eu hunain yn byw o fewn poerad!

Mae'n ddealladwy mai tîm pêl-droed Abertawe a gefnogwn; wedi'r cyfan, doedd gan dîm Godre'r-graig ddim hanes yn Division One. Eto, pan ddeuai at y rygbi, rhaid cyfaddef fod yna ryw hen gnoi anghysurus wrth gefnogi'r Jacks. Roedd Castell-nedd yn agosach yn ddaearyddol, er bod mynydd a chwm arall rhyngom. Roedd gan dîm Castell-nedd ddelwedd dipyn mwy gwerinol a dosbarth gweithiol hefyd rhywsut. Rhaid pwysleisio mai mesuriad 'cymharol' yw'r mesuriad hwn. Wedi'r cyfan, o'u cymharu â thraddodiad rygbi Lloegr a'r Alban mae'n rhwydd gweld Abertawe a Chastell-nedd yn ddiogel yn yr un cae yn union! Ond cwm afon Tawe oedd fy nghwm i ac i aber yr afon honno yn reddfol y talwn wrogaeth.

Digon dadleuol oedd trefn rygbi newydd y Rhanbarthau pan ddaeth i fod a llawer o ddarogan am farw'r gêm gynhenid, gymunedol, draddodiadol yng Nghymru, ac efallai yn wir i ni golli rhywbeth yn enw cynnydd. Eto, i mi daeth datrysiad. O'r diwedd teimlwn yn fwy esmwyth yn cefnogi'r cyfuniad newydd o'r ddau dîm, wrth i Abertawe a Chastell-nedd ddysgu'n raddol i ganu o'r un daflen ac i minnau allu arddel y Gwalch gyda balchder. Y Sgarlets bellach yw testun yr hen gnoi yna.

Ac o gyfeirio at y Sgarlets, dylwn grybwyll y profiad a gefais yn ddiweddar sy'n ddigon i'm cymell i wisgo'r crys coch os nad comisiynu tatŵ! Mewn caffi yng Nghaerdydd yr oeddwn rhyw brynhawn yn teipio ambell air ar gyfer y gyfrol hon. Mae'r caffi yn boblogaidd gyda chwaraewyr rygbi proffesiynol gan fod nifer ohonynt yn byw gerllaw. Daeth John Barclay, blaenasgellwr y Scarlets a'r Alban ar y pryd, i eistedd wrth un o fyrddau pren ystafell gyfyng y caffi. Daeth yn eglur ymhen hir a hwyr ei fod yn aros i newyddiadurwr o Fanceinion gyrraedd i'w gyfweld cyn un o gemau mawr Cwpan Ewrop oedd i ddigwydd ar y penwythnos hwnnw. Cyrhaeddodd yr hac o Sais ac aeth yn sgwrs fyrlymus mewn dim o dro. Dydw i ddim yn un sydd yn arfer clustfeinio ar sgyrsiau preifat (oni bai eu bod nhw'n ddifyr!) ond doedd dim modd osgoi hon mewn lle mor gyfyng a'r lleisiau mor awdurdodol. Crwydrodd y sgwrs o'r gêm fawr yn benodol ac at ddiwylliant y Sgarlets a John Barclay yn sôn am draddodiad y clwb, yr hanes a'r anrhydedd a deimlai wrth chwarae drosto, a hefyd pa mor gyfforddus y teimlai o fewn y diwylliant hwn. Gwyddai'r Sais ddigon i holi am yr iaith, a synhwyrais y disgwyliai ebychiadau a sylwadau negyddol am fyw drwy gyfrwng y Gymraeg. Cyfaddefodd Barclay ei fod yn gwybod ambell i air, ac er mawr syndod i'r Sais pwysleisiodd fod ei blant yn rhugl. Aeth ymlaen i sôn iddo ef a'i wraig ddewis addysg Gymraeg iddyn nhw gan eu bod nhw am gyfoethogi'u profiad o fyw yma ac mai dyna sy'n iawn wrth ddod i le dieithr. Cefais yr argraff i'r Sais, er ei fod yn ddigon cyfeillgar a rhesymol, fethu deall yr agwedd hon yn llawn a thrio'i orau i ddarganfod rhyw elfen negyddol i'r stori. Ni ildiodd Barclay fodfedd; yn hytrach, aeth yn ei flaen i sôn am ei hoffter o'r sefyllfa pan ddeuai ei fab a'i ffrindiau i'r tŷ yn siarad yr iaith gan droi i'r Saesneg er mwyn cyfarch y tad. Pe bawn yn gwisgo het ar y pryd, buaswn wedi'i chodi. Gellid dadlau na ddylwn ddisgwyl dim llai gan rywun sy'n ymgartrefu yng Nghymru, ond mae angen canmol pan fo'n briodol a dangos dyledus barch i'r sawl sydd ag agweddau mor iach.

Abertawe oedd 'y dre', felly, a dyna fydd hi bellach i mi. Mae'n ddinas naturiol hardd, gyda'i bryniau mwyn a'i bae ysblennydd, ond mae'n dref sydd wedi'i dinistrio droeon, gan y Luftwaffe yn gyntaf ac yna gan benderfyniadau cynllunio hurt y cynghorau lleol oedd yn gyfrifol am ei hailadeiladu. Gobeithio ymhen y rhawg y daw ei morlyn â phwrpas newydd iddi ar ôl y gagendor a adawyd yn dilyn dymchwel ei statws fel un o gonglfeini y Chwyldro Diwydiannol.

Bydd cyfeiriadaeth ddaearyddol y gân yn gyfarwydd i unrhyw un sy'n adnabod Cwm Tawe. I gychwyn, Sgwâr Dyfaty (Dafaty) ar ochr ogledd-ddwyreiniol Abertawe, lle saif tyrau dwbl fflatiau'r ddinas. Boed yn adlewyrchiad o Manhattan neu Grenfell, mae'r adleisiau'n arswydus heddiw, a chwyd y felan arna i pan gofiaf am fy sylwadau yn blentyn wrth yrru heibio'r tyrau hynny ar deithiau siopa i'r 'dre', mai ar lawr uchaf fflatiau Dyfaty oeddwn i eisiau byw rhyw ddydd.

Â'r gân yn ei blaen wedyn at Eglwys San Pedr, a'i meindwr yn un o brif nodweddion Pontardawe wrth edrych o'r ffordd osgoi, Ffordd Cwm Tawe. Goleuir hon yn achlysurol gan lifoleuadau neon a bydd y trigolion lleol yn hen gyfarwydd â'i gweld yn 'oren yn y niwl'. Buasai wedi bod yn well gen i ei disgrifio'n 'felyn yn y niwl' o ran sain y linell, ond teimlwn mai gwell yw bod yn driw i'r profiad bob tro.

Yr 'Ystrad' a grybwyllir wedi'r gytgan gyntaf yw Ystradgynlais; dyma'r pentref ar drothwy Bannau Brycheiniog. Wrth adael yr Ystrad, gwelir y tirwedd yn newid wrth i foelni'r uchelfannau ddod i'r golwg – y Cribarth, lle gwelir, o graffu'n ofalus wrth adael Maes-bont ar hyd Heol Aberhonddu, y cawr yn cysgu ar ben y bryn. Daw'r cawr yn fyw rhywsut mwya'n byd y craffwch ar yr olygfa.

Craig y Nos yw diwedd y daith a pha le gwell i orffwys – yn fy marn i, dyna un o leoliadau mwyaf prydferth a hudolus Cymru gyfan. Teithio a gadael sy'n llywodraethu unwaith eto yn y gân hon, yn drosiad ar gyfer taith bywyd wrth i'r llefarydd wibio hyd at angau ar fin y ffordd yng Nghraig y Nos. Mae'r golygfeydd a ddisgrifir – Dyfaty, San Pedr Pontardawe a'r 'troeon bûm yn trafod gydol o's' – oll yn ddelweddau sy'n ymddangos wrth drafod neu feddwl am fy nghynefin. I mi, maen nhw'n eiconau blaenllaw sy'n nodweddion amlwg o'r filltir sgwâr.

Roedd y capel, yr ysgol Sul a'r Gobeithlu hefyd yn lleoliadau amlwg yn fy mywyd yn blentyn, ond yn ddiarwybod i mi roedd y traddodiad hwn eisoes yn edwino a'm profiad innau o'r cyfan wedi'i lastwreiddio o'i gymharu â dwyster profiad cenhedlaeth fy mam. Roedd Capel Pant-teg yn un o'r llu o gapeli o bob enwad yn yr ardal oedd yn diwallu chwant y boblogaeth am foddion gras yn ogystal ag adloniant a bywyd cymdeithasol yn gyffredinol. Cawn ddamcaniaethu faint fynnom am gymdeithas a welai gyni difrifol ar brydiau, lle'r oedd byw o ddydd i ddydd yn llafur caled, llawn perygl a bywyd yn rhad, ond fel y gwelwyd eisoes, ailadeiladwyd Capel Pant-teg ei hun deirgwaith a hynny ar raddfa fwy bob tro er mwyn gallu cynnwys ei gynulleidfa gynyddol.

Cystal nodi wrth grybwyll y capel a'i ardal mai camarweiniol yw'r enw arnynt. Nid Pant-teg oedd enw ardal y capel yn wreiddiol, a'r capel sydd i raddau yn gyfrifol am y newid enw. Y Graig Arw oedd yr enw ar y

pentref yn ystod cyfnod y Parch. Ben Davies yno. Y Graig
Arw – yr un graig sy'n rhoi ei henw i Odre'r-graig islaw, fy
nghwmwd i. Y gweinidog a'r bardd cadeiriol Ben Davies
fathodd yr enw newydd. Yn ei farn ef roedd yn ardal ry
brydferth i gael ei galw y Graig Arw ac o'r herwydd dyma
newid yr enw i Pant-teg. Digon teg hefyd, gan ei bod
hi'n ardal tu hwnt o brydferth, yn enwedig heddiw yn ei
lifrai newydd o goed cynhenid amrywiol a'i golygon ar
y Darren Widdon gyferbyn a'i gwedd yn wledd o liwiau
cyfnewidiol parhaus. Ond i mi, erys y Graig Arw, y graig
a ddisgrifiwyd rhywdro gan ryw frodor lleol wrth fynegi'n
syml yr hyn a welai. Yr union graig arw honno sy'n creu
hanes cyfredol, garw iawn i'r trigolion lleol wrth fygwth
llithro a dwyn dinistr o'i hôl. Dyma wirionedd y Graig
Arw a dyma nodwedd ddinistriol ei henw'n dod yn fyw.
Yn eironig, daw'r tirlithriadau â rhyw hygrededd pellach
i'r enw.

Fel y gwelwyd, mae tirlithriadau yn gyffredin ar Fynydd
Allt-y-grug, y mynydd sy'n bwrw'i gysgod dros y capel a'r
ardal gyfagos. Caewyd yr hen briffordd rhwng Abertawe ac
Aberhonddu yn ystod y chwedegau o ganlyniad i symudiad
ar y mynydd a welodd ddymchwel tai di-rif. Mae hanesyn
o'r cyfnod am un teulu a aeth ryw noson at y drws cefn er
mwyn distewi cyfarth taer y ci a wynebu'r polyn lein yn
gwibio tuag atynt.

Caewyd a dymchwelwyd Ysgol Pant-teg, lle bûm yn
ddisgybl yn ystod y chwedegau a dechrau'r saithdegau,
o ganlyniad i fygythiad y graig, a'r eironi yw mai dyna o

bosib fydd tynged Capel Pant-teg Ben Davies ymhen hir a hwyr wrth i dirlithriadau ddigwydd yn fwy mynych byth adeg tywydd gwlyb. Mae'r trigolion lleol yn derbyn cyngor cyson i symud ac mae cynlluniau i'w hadleoli ar droed. Ond gwrthod symud wna'r mwyafrif o hyd.

Tristwch affwysol, rhaid cyfaddef, yw'r prif emosiwn wrth ailadrodd yr hanes hwn. Dadfeiliad yw'r thema yn gyson ac yn anffodus, mae'n stori gyfarwydd i lawer o'n cymunedau ôl-ddiwydiannol. Mae cerdded yr ardal hon yn benodol dan gysgod y Graig a heibio'r bwlch lle bu'r ysgol yn codi hiraeth wrth sylweddoli bod symbol mor arwyddocaol a ffurfiannol o'n bywyd ni fel disgyblion wedi diflannu am byth. Erys yr atgofion a'r rheiny'n gipluniau melyn o haf, ond ar adegau hefyd yn sawr glaw ar ddillad gwlyb y dosbarth neu'n lyched a tharfe mawr uwch y mynydd trwy lygaid y ffenestri Fictoraidd di-ben-draw.

Mae'n rhaid bod yr awydd i 'adael' ynof hyd yn oed yn y dyddiau diniwed hynny. Roedd y prifathro, yr annwyl ddiweddar Michael George, a thad Geraint, yn adrodd yr un hanes bob tro y bydden ni'n cwrdd; hanes y rhedeg adref oedd hwn.

Roedd hi'n un o'r dyddiau haul melyn a minnau yn fy mlwyddyn gyntaf yn yr ysgol. Rwy'n cofio'r pelydrau yn llifo drwy'r ffenest wrth i mi ofyn i'r athrawes a gawn fynd i'r tŷ bach. O gael caniatâd ac anelu am y cwt ar waelod y buarth, dyma gerdded heibio i glwyd yr ysgol oedd yn digwydd bod yn gilagored. Roedd addewid am ryddid yn y bwlch, mae'n rhaid, a bant â fi drwyddo ac i lawr y tyle i New Street at fy Nad-cu ac Anti Kate, oedd wedi galw i'w weld. Yn fuan wedyn ar fy ôl daeth Mr George, a bu'n rhaid i Anti Kate fy mradychu a'i gyfeirio at y *setee* gan mai o dan honno y cuddiwn. Aed â mi yn ôl i'r ysgol yn ddiymdroi ac roedd Mr George, hyd ei farw yn ddiweddar, yn edliw bod arna i chwarter tanc o betrol iddo.

Bu colli ei fab a'm cyfaill bore oes, Geraint, yn ergyd drom. Bu'r ddau ohonom yn cydgerdded pob modfedd o'r cwm ers pan oeddem yn ifanc. Er na welwn lawer o Geraint gan iddo ef a'i deulu ymgartrefu ers blynyddoedd mawr ym Mrynrefail, gwelaf golli ein cyfarfyddiadau a'r cyfle i ymhyfrydu yn ein cyfnod ynghanol bywyd y cwm a'i gymeriadau. O'i golli, bydd rhai profiadau na fydd modd eu hail-fyw bellach ac ni chaf eto brofi'r chwerthin braf, hiraethus hwnnw a ddaw o rannu hen atgofion.

Gwn fy mod yn sôn llawer am y capel a'i gymdeithas ac efallai nad yw hynny'n gymesur erbyn hyn â'r union amser a dreuliais yn y gymdeithas honno. Ond dyw ei ôl arnaf chwaith ddim yn gymesur â'r amser hwnnw ac mae 'Gadael Abertawe', o bosib, yn dyst i hynny.

Ffrydiodd yr atgofion yn ôl yn ddiweddar wedi ymweliad â festri'r capel. Dyma'r ymweliad cyntaf ers degawdau a hynny yng nghwmni Rhys Meirion wrth i ni recordio rhifyn o'i gyfres deledu, *Deuawdau Rhys Meirion*. Y peth hynod a'm trawodd ar unwaith wrth gamu dros riniog y festri oedd nad oedd newid o gwbl yn arogl ei gofod. Does bosib nad yw hynny'n beth syfrdanol dros gyfnod o ddeugain mlynedd a mwy. Ar unwaith, gwibiai'r delweddau drwy len y cof fel seliwloid ar liain sinema'r Capitol, Ystalyfera gynt. Llenwyd y gofod â hen wynebau a synau'r gorffennol. Pwy haerodd na wyddom sut mae teithio mewn amser?

Un atgof amlwg oedd un am adrodd cerdd gan Waldo. Rwy'n credu i mi ddysgu rhywbeth yn gynnar iawn wrth sefyll o flaen yr *harmonium* gerbron y festri lawn a datgan teitl y gerdd, 'Menywod' i fonllefau o chwerthin a synau a awgrymai'n ogleisiol i mi gyffwrdd, a minnau tua wyth oed, â rhyw fath (os ydy'r fath beth yn bosib) o dabŵ lled dderbyniol a doniol. Gwyddwn mai digon diniwed oedd cynnwys y gerdd a llwyr barchus wrth ddangos anwyldeb at ei thestun. Yn sicr, yn fwy felly na chanfyddiad y gynulleidfa o glywed y teitl y noson honno. Roedd yr ymateb yn gwbl annisgwyl i mi'n blentyn a rhaid dweud iddo godi chwilfrydedd ynglŷn â natur 'menywod' a'u lle yn y byd!

Delwedd glir a fflachiodd i'r cof oedd yr un o fachgen yn sefyll yn ei garpiau ar lwyfan y festri yn canu unawd nerth ei enaid. 'Where Is Love?' oedd yr unawd a minnau fel Oliver yn fy ngharpiau yng nghynhyrchiad Ysgol Pant-teg o'r ddrama gerdd. Mae gen i gof am gynulleidfa o wynebau cyfarwydd, yn ymestyn i'r pellter, yn syllu arnaf. Er cyn lleied y lle heddiw, erys yn enfawr yn y cof.

Ymlaen at 'Ystrad'. Mae'r heol tu hwnt i Ystradgynlais yn un a deithiais droeon. Yn blentyn, ar gefn beic anelwn am

Cast Oliver ar fuarth Ysgol Pant-teg a'r Darren Widdon yn y cefndir.

Y cast cyfan yn eu carpiau ac un o byllau olaf y cwm, fry ar y Ddaren, yn y cefndir.
Ychydig islaw ac o'r golwg, mae Tarenni Gleision y bu ei hanes trist yn y newyddion yn
ddiweddar.

fryniau'r Bannau at darddiad afon Tawe ei hun rhwng Llyn y Fan Fawr a Fan Gyhirych. Awn yno i wersylla a goglish brithyll a'u crasu ar dân gwneud, ac i nofio ym mhyllau iasoer nant Tawe. Awn o bryd i'w gilydd at lannau Llyn y Fan ond nofiais i erioed yn hwnnw. Mae rhyw ddirgelwch arswydus yn ei ddyfnderoedd a'i chwedloniaeth.

Yn ddiweddarach, cerddai criw ohonom (Geraint George yn un o'r criw) yr holl ffordd o Ystalyfera i Aber-craf a thu hwnt i Dafarn y Garreg a'r Gwyn Arms, dros ddeng milltir, am beint neu ddau dirgel-dan-oedran o olwg rhieni a chydnabod. Awn yn ôl hefyd wrth i'r deng milltir ymestyn dipyn rhywsut. Ymhen blynyddoedd, rhannu'r gyrru fydden ni ar hyd yr un trywydd â'r 'troeon bûm yn trafod gydol o's'.

Mae'r cyswllt â Chraig y Nos wedi parhau hyd heddiw. Cefais gynhyrchu dwy raglen deledu yn seiliedig ar hanes y gantores fyd-enwog Adelina Patti. Bydd llawer yn gyfarwydd â'i hanes fel un o sêr disgleiriaf y cyfnod Fictoraidd, ei llais soprano tlws yn llenwi theatrau a neuaddau cyngerdd ar hyd a lled y byd a'i bywyd hudolus yn dal y dychymyg hyd heddiw. Disgynnodd mewn cariad â Chymru ac ymgartrefodd yng nghesail ei bryniau yng Nghraig y Nos ym mhen uchaf Cwm Tawe. Pleser pur oedd craffu'n fanylach ar ei hanes a threulio amser yn ei theatr hyfryd yng Nghastell Craig y Nos wrth drefnu cyngerdd yn ei henw, ac Elin Manahan Thomas yn llenwi ei mantell am y noson.

Mae'r gân 'Gadael Abertawe' yn pontio dwy garfan o'r

gymdeithas: cymdeithas gapelgar, forе oes y llefarydd ar y naill law, a'r gymdeithas yr aeth i drybini ynddi yn ddiweddarach yn ystod ei oes. Roeddwn yn sicr yn ymwybodol o'r gagendor hwn wrth dyfu i fyny yn y cwm. I raddau, fel llawer o'm cyfoedion, roedd gen i droed ar dir y naill garfan a'r llall. Teimlwn fod y person oedd yn ymhél â chymdeithas y capel yn dra gwahanol i'r un a ymgollai yng ngwcithgareddau'r stryd neu'r clwb rygbi. Fy ngwendid i oedd hynny, o bosib. Teimlwn yn aml fod gen i rywbeth i'w brofi. Roedd fy mam yn athrawes yn Ysgol Gyfun Cwm Tawe, lle'r âi'r mwyafrif o ieuenctid y pentref a disgybl yn Ysgol Gyfun Ystalyfera oeddwn i, ysgol a chanddi'r enw o fod yn gymharol elitaidd. Er mor gyfforddus yr oeddwn yn y naill fyd a'r llall, doedd dim cyswllt i fod rhwng bachgen y sbectol a gludai'r casyn ffidil yn ystod yr wythnos a'r un a redai i'r cae rygbi ac i'r bar maes o law ar ddydd Sadwrn. Yn y pen draw, wrth aeddfedu, hoffwn feddwl i'r ddau gyd-fyw yn esmwyth.

Dyna adlewyrchu ein diwylliant sy'n groes, efallai, i ddiwylliannau eraill. Oes, mae gennym ein hochr *macho* ond i mi, fel y crybwyllais eisoes, does dim chwithdod yn y syniad o'i heglu hi am ymarfer côr ar ôl ymarfer gyda'r tîm rygbi neu gario offeryn un diwrnod a llygad ddu y diwrnod wedyn. Dyma brofiad y llefarydd a adawodd Abertawe.

Do, bu'r capel yn ganolog i'm bywyd cynnar ond nid i'r un graddau â'i ddylanwad ar fywyd fy mam. Gallaf lwyr dristáu wrth weld ei edwino ond ni allaf ond dychmygu effaith cau'r capel ac wedyn ei ddymchwel ar Mam yn 97 oed.

Mae trosiad taith modur y gân yn cynrychioli gadael ond hefyd, mewn ffordd, dychwelyd. Y tro hwn, dianc mewn cyfyngder rhag oferedd y ddinas a dychwelyd am achubiaeth at rywbeth a gollwyd ar hyd y ffordd. Er iddo ddieithrio a chrwydro'n bell, yn ei awr o gyfyngder, troi at werthoedd ei febyd wna'r llefarydd. A oes modd diosg dylanwadau a fu arnom yn ein blynyddoedd cynnar – ein magwraeth, ein cymdeithas a'n diwylliant? Go brin y gallwn fyth adael yn llwyr.

Hefyd o'r Lolfa:

£9.99

Serch a'i Helyntion

Dadansoddiad o Ganeuon Gwerin Cymraeg

Meredydd Evans

£12.99

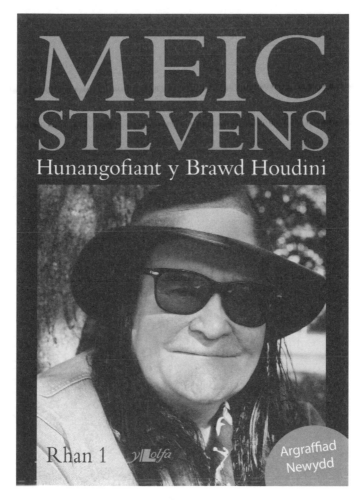

MEIC STEVENS
Hunangofiant y Brawd Houdini

Rhan 1

yⁱⱢ*olfa*

Argraffiad
Newydd

£9.95

"Gonest a brwdfrydig – ardderchog" – Gareth Potter

BLE WYT TI RHWNG?

Hanes
canu poblogaidd
Cymraeg
1980–2000

HEFIN WYN

yl Lolfa

£14.95

Holwch am bris argraffu!
www.ylolfa.com